**당신의 태국 여행을
10배 재밌게 만들어 주는 책**

**당신의 태국 여행을
10배 재밌게 만들어 주는 책**

초판 1쇄 발행 2025년 2월 22일

지은이 김정욱
펴낸이 김정욱
펴낸곳 상상의 순
출판등록 제2024-000009호

교정 한장희
디자인 이현
편집 이현
검수 정은솔
마케팅 김윤길

주소 경기도 의왕시 홍안대로 434번길 86
전화 010-2163-3354 (상상의순)
팩스 0504-322-8962
이메일 johndeacon@naver.com

ISBN 979-11-991501-0-2(03810)
값 17,000원

- 이 책의 판권은 지은이에게 있습니다.
- 이 책 내용의 전부 또는 일부를 재사용하려면 반드시 지은이의 서면 동의를 받아야 합니다.
- 잘못된 책은 구입하신 곳에서 바꾸어 드립니다.

뻔한 태국 여행은 그만

당신의 태국 여행을 10배 재밌게 만들어 주는 책

김정욱 지음

상상의 숲

프롤로그

　제 인생의 첫 해외 여행지는 태국이었습니다. 태국이 처음부터 좋았던 것은 아니었습니다. 책에도 썼지만 인생의 첫 해외 여행이었던 그 태국 여행에서 공교롭게도 인생의 첫 교통사고를 경험하였기에 태국은 다시는 오지 않겠노라 다짐하며 돌아왔었습니다.

　하지만 이상하게 그리웠습니다. 음식은 입에 썩 맞지 않았고 뜨거운 햇살에 피부가 상하기도 했음에도 그 이상한 나라는 사람을 다시 불러들이는 대단한 힘과 묘한 매력이 있었습니다.
　과연 이 나라가 묘하게 사람을 끄는 매력이 무엇인지를 확인하고 싶은 마음이 강해져 저도 모르게 태국을 찾는 횟수가 잦아졌고, 시간이 흐르며 어느덧 이 아름다운 나라를 온전히 즐기고 있는 저 자신을 발견할 수 있었습니다.

　'태국泰國'이라는 이름처럼 이 커다란 나라의 어떤 도시는 스위스의 어느 도시만큼이나 아름답습니다. 라용이나 꼬사멧에서 바라보는 핑크빛 선셋은 몰디브에 비할 만합니다. 고대 공중도시는 아니지만 빠이나 람빵으로 올라가면 마추픽추보다 매혹적인 뷰를 마주할 수 있습니다. 방콕에서 떠나 차를 몰고 깐짜나부리로 가다 보면 캐나다처럼 깔끔하고 매혹적인 아름다운 원시 대자연을 만나게 됩니다. 지도에 이름도 나오지 않는 이싼 지역 붕깐의 어느 마을에선 지금도 산에서 코끼리가 내려오고, 아르헨티나의 이과수 폭포나 미국의 나이아가라 폭포보다 그 규모는 작을지라도 여러 층으로 이루어진 틸러수 폭포와 에라완 폭포는 또 다른 매력을 뽐냅니다.

이 책은 특정한 명소를 세부적으로 안내하는 여행 가이드북이 아닙니다. 그렇다고 따분한 답사기나 문화 해설서는 더더욱 아닙니다. 태국을 사랑하는 한 사람이 20여 년간 태국의 여러 도시를 다니고, 머물며, 경험했던 여러 에피소드와 더불어 따뜻한 미소와 친절을 갖춘 태국 사람들의 문화와 생활을 함께 담으려 노력한 에세이입니다. 아는 만큼 보이고, 이해하게 되는 만큼 여행의 재미와 질 또한 제고될 수 있기에 함축적으로 태국과 태국 사람들에 대한 이해를 돕는 이 책을 통해 독자님들의 태국 여행이 한층 풍요롭고 행복해지시기를 바라는 마음으로 이 책을 펴내게 되었습니다.

어느 누구보다 태국을 많이 사랑하고, 다양한 경험을 통해 태국 사람들을 이해하며 글을 썼음에도 저 역시 태국에서 태어나지 않았고 여러 해 정주하며 살아온 나라도 아닌지라 어떤 부분에서는 오해나 이해의 한계가 있을 수도 있습니다. 그런 부분이 있다면 독자 여러분들께서 너그럽게 이해해 주시거나 필자의 개인 이메일을 통해 바른 내용을 알려 주시면 참고하겠습니다.

책을 지으면서 제가 삶을 아름답게 장식하기 위해 했던 여러 가지 일들 가운데 하나가 모종의 결실을 거두는 듯한 느낌이 들어 참으로 행복합니다.

모쪼록 이 책이 태국 여행을 계획하고 계신 독자분들이나 태국을 향해 가고 있는 기내나 공항에 계신 독자 여러분들께 태국에 대한 이해를 더함에 따라 이 책의 제목처럼 10배, 아니 100배, 더 즐겁고 행복한 태국 여행의 밑알이 될 수 있다면 저에게는 더할 나위 없는 기쁨이겠습니다.

태국 빠이 패들러 카페에서
저자 드림

Thailand

프롤로그

contents

프롤로그 · 4

01 치앙마이, 아니 아유타야 · 12
02 마아와 쑤낙 · 28
03 싸톤의 잠 못 이루는 밤 · 36
04 블랙박스와 컴파운드 · 47
05 코비드의 추억 · 71
06 손님, 지금은 팔지 않습니다 · 84
07 타일랜드 이스 낫 데인저러스 · 96
08 생각할 수 있는 시간을 주지 마세요 · 104
09 빅 붓다데이, 그리고 그냥 붓다데이 · 109
10 이것은 약도인가? 보물 지도인가? · 117
11 절대 이분들을 화나게 해서는 안 돼 · 127
12 김포무앙공항, 서울람퐁역 · 133
13 4월, 행복한 한 해 되세요, 송끄란 · 141
14 푸잉과 푸차이 사이 그 어딘가 · 149
15 꺼까이 그리고 커카이 · 154

16 내리세요 손님, 저는 차고로 갑니다 · 162

17 16시간? 뭘 그까이 걸 가지고 · 168

18 옷을 갈아입는 나무 · 174

19 방콕에서 갑자기 바다가 보고 싶다면 · 178

20 당신의 방콕, 오늘도 길이 막히는 이유 · 188

21 오빠 아프면 병원을 가요 · 194

22 쁠라가퐁 텃 남쁠라 · 204

23 낀, 키이, 뻬이, 넌 · 213

24 빠이 빠이 빠이 빠이야 · 220

25 폰다익선 · 232

26 The Fairy Feller's Master Stroke · 239

27 호랑이 동굴 사원 · 246

28 건기의 시작을 알리는 축제, 러이 끄라통 · 256

29 걷지 마세요, 택시에 양보하세요 · 264

30 인스턴트 커피를 더 맛있게 타는 방법 · 276

에필로그 · 286

01
치앙마이, 아니 아유타야

태국은 여행하기 참 좋은 나라다. 요즘은 치앙마이나 푸켓처럼 관광에 특화된 도시로 바로 가는 직항 편이 많이 생긴지라 태국 북쪽과 남쪽으로의 접근이 용이해졌지만, 과거엔 태국의 여러 도시로 여행하는 대부분의 여행자들이 태국의 국내선이나 기차 등을 이용해 원하는 목적지로 가기 위해 돈무앙 공항으로 들어와 택시 등을 타고 방콕 시내로 들어오곤 했다.

지금은 한국이 어느 나라보다도 고도 발전을 이룬지라 방콕을 비롯한 세계 여러 나라의 도시들이 그렇게 대단하게 느껴지지 않을지 몰라도 2000년대 초만 해도 밤에 돈무앙 공항에 도착해 택시를 타고 호텔로 들어오다 보면 높은 빌딩들과 눈길을 끄는 여러 구조물들이 야간 비행으로 피곤한 여행자의 마음을 적잖이 사로잡곤 했다.

전승 기념탑도 그러한 구조물 가운데 하나다. 방콕을 여러 번 다녀 보았다면 하얀 오벨리스크 양식의 탑 사방으로 군인과 경찰의 동상이 서 있는 특이한 구조물을 한 번쯤 본 적이 있을지 모른다. '아눗사와리 차이 사완나품'. 한국 사람들은 '전승 기념탑'이라고도 부르는 이 구조물이 위치한 교차로는 마치 여의도나 서울역 버스 환승센터처럼 방콕의 웬만한 버스들이 다 만나는 환승 포인트이기도 하다.

방콕 전승 기념탑의 모습. 전승 기념탑을 중앙에 두고 동그랗게 버스 정류장이 펼쳐져 있는 데다 사방으로 크게 길이 나 있어서 방콕에서 버스나 택시를 타고 긴 거리를 이동하다 보면 자연스레 한두 번은 보게 되는 구조물이다. 이곳에서 북쪽으로 올라가면 '아리'나 '짜뚜짝'을, 거기서 다시 북서 방향으로 가면 방콕의 새로운 기차역인 방스역을 만날 수 있다.

   이곳에서 다시 북쪽으로 올라가면 예쁜 카페들은 물론, 맛집들도 많은 '아리'라는 지역이 나오는데, 높다란 아리의 주요 건물들에서 북서쪽 방향을 바라보면 광명역처럼 길고 큰 기차역이 보인다. 이것이 바로 새로 생긴 Krung Thep Aphiwat Station, '방스역_{Bang Sue Grand Station}'이다.

   지금은 이 방스역에서 태국의 여러 도시로 가는 기차가 출발하지만, 과거에는 '후알람퐁역'이라는, 옛 서울역 같기도 하고 얼핏 보면 프랑스의 기차역 같기도 한, 유럽풍의 오래된 기차역에서 태국의 여러 도시로 향하는 기차들이 출발했다.

역사가 100년이 넘은 후알람퐁역은 매우 고풍스러운 반면 오래된 건물이다 보니 상당히 비좁았고, 표를 한 장 사려면 배낭 여행객과 현지인 손님들이 뒤엉켜 수십 분을 기다리기 일쑤였다. 이 이야기의 배경은 라마 5세 쭐랄롱꼰 왕의 초상화가 멋지게 걸려 있는, 많은 태국인들이 사랑한다는 바로 그 후알람퐁역에서부터 시작된다.

라마 5세 쭐랄롱꼰 왕의 초상화가 걸려 있는 후알람퐁역. 100년이 넘은 유럽풍의 이 역은 이제 새로운 역에 방콕 중앙역의 지위를 내주었지만, 근교로 향하는 통근 열차를 비롯해 소수의 기차 편이 아직 남아 있어 여전히 과거의 정취를 어느 정도 느낄 수 있다.

태국어를 공부할 땐 분명 태국말로 봄, 여름, 가을, 겨울에 해당하는 단어를 외웠었다. 그래서 태국도 4계절이 있다고 생각했지만, 태국 중남부 지역 사람들과 이야기해 보면 태국의 계절은 '여름'과 '더운 여름' 그리고 정말 '미치게 더운 여름', 이렇게 세 계절로 이루어졌다고 말한다. 그만큼 계속 덥기만 하다는 얘기겠지.

필자가 기차를 타러 간 그날은 3월이긴 했지만 절기를 떠나 정말 더운 날이었다. 도착해서 매표소 앞에서 기다리려니 기본적으로 더운 데다 수많은 사람들이 인산인해를 이루어 상당한 더위에 답답함이 더해졌던 상황이었다. 매표소에서 바로 보이는 2층 블랙캐년 카페에서 빨리 아이스라떼를 사 마시고 싶은 생각밖에 들지 않는, 그런 날이었다.

필자의 행선지는 아유타야. 이전에 방콕에서 택시를 타고 몇 번 들어간 적이 있었지만, 수년이 흘렀었고, 문득 아유타야 특유의 고즈넉한 느낌이 그리워 모처럼 기차를 타고 아유타야로 들어가기 위해 차례를 기다리고 있던 중이었다. 필자의 앞에 기다리는 사람은 모두 합쳐 열 명쯤 되었는데 도무지 줄이 줄어들 생각을 하지 않는다.

'어휴 더워, 제발 빨리 좀 줄어라.'

요새 한국은 발권이 거의 온라인을 통해 이루어지기 때문에 명절이나 휴가철이 아니면, 광명역이나 서울역 매표소에서 앞에 무려 열 명이 기다리는 경우는 흔하지 않을뿐더러, 혹 그렇다 하더라도 발권이 순식간에 이루어져 차례가 금방 오는 반면, 태국은 마트에서 간단한 물건을 살 때에도 일 처리가 일반적으로 느리기 때문에 꽤 한참 기다려야 한다. 이걸 꼼꼼함이라고 정의하기도 어려운 게 나중에 확인해 보면 실수도 제법 많다. 그러므로 그냥 느리다고 표현하는 것이 맞겠다. 특히 한국인의 눈으로 볼 때 정말 매우 느리다.

필자 바로 앞에는 두 명의 외국인 여성 여행자가 서 있다. 여성이지만 체구가 좋은 두 명의 여행자들은 치앙마이로 들어가는 모양이다. 특히 필자의 바로 앞에 선 여행자는 키가 족히 170센티는 되어 보였는데, 이 서양인 처자들은 1미터가 넘는 큰 배낭을 메고는 계속해서 '치앙마이 블라블라'를 시전 중이다. 우스갯소리로 여자는 하루에 3만 단어를 읊어야 건강하다는데, 저 두 처자는 하루에 읊어야 하는 3만 단어 중 2만 8천 단어쯤을 이곳 후알람퐁역 매표소 앞에서 '치앙마이'라는 단어로 채울 요량으로 보였다. 끝없이 이어지는 여인들의 수다에 태어나서 한 번도 한 적이 없는 멀미를 지금 할 것 같다. 하도 '치앙마이'라는 지명을 듣다 보니 여기가 방콕의 기차역이 아니라 늘 많은 사람들로 붐비는 치앙마이 타패 게이트 한복판인 듯한 착각마저 들 정도다.

기차역은 덥고 줄은 빨리 줄지 않고, 앞에 선 외국인 처자들의 '치앙마이 블라블라'가 필자의 혼을 완전히 빼놓으려던 순간, 외국인 처자들의 발권 차례가 되었고 이윽고 그들마저 치앙마이 표를 끊고 떠나가 버리고는 드디어 필자의 차례가 되었다.

필자가 치앙마이 블랙홀에 빠져 표를 잘못 샀던 방콕 후알람퐁역의 매표소. 사진처럼 과거엔 밤낮없이 길게 줄을 서서 발권 차례를 기다리는 것이 일반적이었다. 중간 우측 저 청록색 큰 배낭을 메고 있는 키 큰 서양인 여행자가 바로 그 '치앙마이 블라블라' 수다쟁이 중 한 명. 사진엔 잘 안 담겼지만 바로 앞에 있는 친구와 한참 치앙마이와 관련된 수다를 떨고 있는 상황.

오랫동안 꼭 쥐고 있어서 땀 때문에 손에서 잘 떨어지지도 않는 400바트를 내밀며 그저 **'아유타야행 에어컨 좌석 1장'**이라고 말하면 되는 상황, 더위와 여인들의 수다에 정신이 반쯤 나갔던 필자는 아유타야가 아닌 **'치앙마이행 에어컨 좌석 1장'**을 외치며 돈을 내밀고 말았다.

매표소 직원은 잠깐 멈칫하더니 태국어로 간단한 이야기와 함께 한 장의 티켓과 100바트가 넘는 거스름돈을 주었다. 그녀의 판단으론 400바트로 치앙마이행 에어컨 좌석을 발권할 수 없었기에 231바트만 받고 치앙마이행 일반석 티켓을 발행하였던 것. 반면 스스로 맞게 말했다고 생각했던 필자는 '아유타야행 에어컨 좌석'이 340바트 정도였기에 왜 100바트가 넘는 거스름돈을 주는지 선뜻 이해할 수 없었다.

'어? 거스름돈을 왜 이렇게 많이 주지?'

이상했지만 더위에 지친 필자에게 그건 그다지 중요하지 않았다. 매표가 늦어져 기차 출발 시간까지 고작 8분여 남은 상황에서 2층의 블랙캐년 커피에서 아이스라떼를 꼭 사야 했기에.

부리나케 2층 카페로 올라가 아이스라떼를 주문하고는 휴대폰 시계를 본다. 남은 시간 6분, 아니 5분, 시간이 없다. 맨 끝 플랫폼에 서 있는 저 기차, 저 기차를 꼭 타야만 한다.

드디어 열차 출발 3분여를 남겨 놓고 받게 된 아이스라떼, 한 모금 빨 새도 없이 또 미친 듯 전력 질주를 하여 간신히 출발 직전 기차에 올

01 치앙마이, 아니 아유타야

랐다. 거짓말처럼 필자가 기차에 오르자마자 기차가 출발한다. 도착은 연착이 흔할지언정 출발만큼은 가능한 1분도 연발하지 않고 정시 출발하는 태국이다.

그때까지만 해도 앞으로의 혼란은 전혀 예상하지 못한 채, 에어컨 자리에 앉아 아이스라떼를 홀짝홀짝 빨아 마실 생각에 필자는 마냥 기분이 설레었다.

'일단 에어컨 자리가 맨 앞 칸이었으니 앞 칸으로 가야 돼.'

거침없이 앞 칸으로 향하는 필자를, 역무원 같지는 않은 사람이 불러 세운다.

"몇 호차 가요? 표 좀 보여 줄 수 있어요 캅?"

제복도 입지 않은, 어쩌면 그냥 태국 아저씨 같아 보이는 분의 요구라서 무시할까도 싶었지만 뭐 당당히 에어컨 기차표를 산 입장에서 — 그때까지만 해도 필자는 매표 실수를 전혀 인지하지 못했다 — 못 보여 줄 것도 없지 싶어 표를 보여 주니 필자의 뒤를 가리키며 뒤 칸 5호차로 가란다. 티켓에 적힌 호차와 좌석번호는 5호차 39호석. 분명 에어컨 칸은 맨 앞 칸으로 알고 있는데 왜 이 표는 5호차라고 적혀 있을까?

뭔가 앞뒤가 맞지 않는 데서 오는 혼란과 황당함을 억누르며 5호차

지정된 자리로 가 보니 아니나 다를까 에어컨은커녕 전용 선풍기도 없는, 덥디더운 직각 좌석이 필자를 맞이한다.

마하차이 역에서 Wongwian Yai역으로 들어가는 태국의 일반 열차의 실내. 에어컨 없이 오래된 회전 선풍기가 군데군데 설치되어 있는데, 어떤 선풍기는 스위치를 켜도 돌아가지 않아 오로지 창문 밖에서 불어오는 바람에 의지하여 더위를 식혀야 할 때도 있다.

'뭘까? 이 상황은 어디서부터 잘못된 걸까?'

암튼 자리에 앉아 기다리다 승무원 아저씨가 지나가면 이 이해 안 되는 상황을 물어봐야겠다고 생각한 필자는 그제야 덥고 불편한 자리에 앉아 빨대로 아이스라떼를 쭉 들이켜 본다. 너무나 시원하다. 태국말로 '진정하다'라는 말을 '짜이(마음) 옌(차다)옌'이라고 하는데, '라떼 옌'을 쭉 들이켜니 자연히 '짜이옌옌'이 되었다. 그렇게 진정이 되었기 때문일까? 비로소 사물과 상황이 분간이 되기 시작하는 그 순간, 필자의 표에 떡하니 쓰여 있는 행선지가 선명하게 눈에 들어왔다.

'치, 앙, 마, 이!'

"힐!"

시간이 없다. 빨리 기차 내의 승무원을 찾아야 한다. 그래서 다시 행선지를 아유타야로, 좌석 등급을 에어컨 좌석으로 바꿔야 한다.

온통 그 생각을 하며 필자는 서둘러 열차 승무원을 찾았고, 맨 끝 칸 스님 전용 좌석에서 스님들과 함께 앉아 본인의 할 일을 잊고 수다를 떨고 있는, 말레이계의 얼굴이 까만 남자 승무원을 어렵게 찾을 수 있었다.

필자: 아저씨 큰일 났어요, 헉헉헉.
승무원: (네가 큰일 났지, 내가 큰일 났냐는 표정으로) 왓 프라블럼?
필자: 나 아유타야 가야 되는데 치앙마이 표 샀음, 이거 발권 취소하고 체인지 좀 해 줘요.
승무원: (뭐야 결국 자기가 멍청해서 벌어진 일이잖아 하는 표정으로) 그거 나 못함. 다행히 곧 다음 역인 삼센역에 도착하니 바로 내려서 체인지해라 캅.
필자: 체인지 바로 되는 거임? 이 기차 떠날 때까지 체인지 안 되면 나 어떻게 함?
승무원: 빨리 내려라 캅. 빨리 내려서 체인지해라 캅.

한국에서도 출장 때문에 수없이 기차를 탔던 필자. 태국에서도 그전에 여러 번 기차를 타 왔지만, 행선지를 잘못 말하여 중간에 표를 바꾸는 일은 처음이었기에 한국의 시스템을 기대한 필자는 열차에서 내리며 앞으로 있을 일을 나름 예상해 보았다. 첫 단추는 잘못 끼워졌지만 좋은 그림이 슬로우 비디오처럼 눈앞에 그려졌다.

슬로우 비디오 #1
승무원 아저씨가 잠깐 내려 삼센역에 있는 역무원에게 개략적인 이야기를 해 주고, 그 말을 전해 들은 매표소 직원이 속전속결로 새로운 표를 발권해 준다. 표를 교체 발급받은 필자는 원래 원했던, 방금까지 타고 왔던 기차의 1등석에 앉아 다시 계속 여행을 이어 나가는 아주 좋은 그림.

'그래, 뭔가 그런 식으로 이루어질지도 몰라.'

그런 순진한 그림을 그리며 내린 삼센역. 매표소는 단 한 칸. 줄 서 기다리는 사람은 네 명. 필자를 내려 준 그 기차는 타고 내리는 사람이 정리되자 야속하게 기차역을 떠나간다.

'어, 이상한데? 저렇게 그냥 가 버리면 안 되는데?'

그 순간 또 다른 그림이 슬로우 비디오처럼 머릿속으로 지나간다.

슬로우 비디오 #2
필자가 타고 온 기차는 이미 떠나가 버렸지만 설명을 다 들은 매표소 여직원이 200바트가 넘는 필자의 치앙마이 표를 인정하여 차액을 내주며 아유타야까지 가는 다음 기차를 이용할 수 있도록 재발권해 주는 그림.

아무리 태국 기차표 뒷면에 태국어로 '내리면 끝이얌'이라고 써 있어도 승무원의 안내에 따라서 내렸으니 뭔가 좀 다르지 않을까 기대하며 여유를 가져 본다. 사실 한국에서 철도를 이용해 본 사람이라면, 첫 번째 예상은 다소 무리가 있어도 두 번째 예상은 꽤나 가능성이 높은 시나리오라는 데 공감할지 모른다.

방콕 Thon Buri 기차역의 매표소. 삼센역을 비롯해 방콕 인근의 역이라 해도 대부분 한 개 창구에서만 발권이 이루어지기 때문에 많은 사람들이 기다리는 것이 일반적이다.

    동네 역인 삼센역에서의 앞선 네 명은, 중앙역인 후알람퐁역의 열 명보다도 처리 시간이 더 더뎠다. 마침내 필자의 차례, 이제 막 UFO에서 내린 외계인인 듯 매표소 직원한테 본인이 어디서 왔으며 무엇을 위해 내렸는지 그간의 해프닝을 장황하게 풀어놓는다.

필자: 난 후알람퐁에서 왔다, 아유타야를 끊어야 하는데 치앙마이를 끊었다. 기차 안에서 승무원을 찾아 수정, 발권하려 했더니 내려서 역에다 이야기하면 바꾸어 준다 했다.
역무원: 여기서 아유타야는 14바트다 카.
필자: 잉? 또 돈을 내야 됨? 나 방금 방콕에서 200바트 넘게 주고 표를 끊고 왔는데?
역무원: 음, 아냐 아냐. 내리면 끝이다 카. 한 시간 있으면 아유타야 기차 오는데 14바트다 카.
필자: 아니, 내 표는 좀 전에 방콕에서 200바트 넘게 주고 끊은 거야. 그리고 너네 기차 승무원이 내려서 이야기하면 표 체인지해 준댔어!
역무원: (웃으며) 그래 지금 체인지해 주잖아, 14바트다 카.

필자: 아니, 이건 기존 표를 다 무시하고 새로 구입하는 거잖아. 이게 무슨 의미가 있어?
역무원: 당신이 산 표, 여기 봐라. 내리면 끝이라고 되어 있지? 당신은 내렸고 이 표는 끝이다 카.
필자: …….

황당하지만 어쩔 수 있나? 다시 14바트를 주고 표를 다시 샀고, 땡볕에 한 시간을 더 기다렸다가 다음 기차를 타고 아유타야에 도착했다.

아유타야 반나절 여행을 마치고 다시 기차를 타고 방콕으로 돌아가는 길. 태국에서 방콕이나 대도시가 아닌, 변두리를 밤에 운전해 본 사람이라면 알겠지만, 태국의 변두리는 진짜 어둡다. 고작 저녁 8시 남짓인데도 불빛이 거의 없는 구간을 밤 기차를 타고 오다 보니 여러 생각이 들었다. 그러다 번뜩! 후알람퐁역에 도착하면 인포메이션 센터에 가서 이 사연을 이야기해 봐야겠다는 생각이 들었다. 적어도 태국에서 제일 규모가 있는 방콕 중앙역에 근무하는 직원들이라면 이 체계적이지 않은 상황에 꽤나 공감하고 뭔가 늦은 조치라도 취해 줄 수 있지 않을까 하는 생각이 든 것이다. 그래, 보상도 바라지 않는다. 그럴듯한 사과와 함께 개략적인 설명을 들어서 내가 좋아하는 태국에서 벌어진 이 엉성한 해프닝에 대해 좀 더 잘 이해하고 싶었다.

'그래! 후알람퐁역에 도착하면 이야기해 보자!'

마침내 후알람퐁역. 필자는 인포메이션 센터를 찾았다. 아담한 사이

즈의 인포메이션 부스에는 여직원 한 명과 그녀의 상관으로 보이는 남자가 하나 앉아 있었다.

필자:	(지금까지의 이야기 총망라) 나 정오쯤 여기 후알람퐁역에서 치앙마이 표를 샀어. 아유타야 표를 사야 되는데 앞의 애들이 하도 치앙마이 블라블라를 해서 착각을 한 거지. 그래서 치앙마이 표를 샀는데 나중에 깨닫고 승무원에게 얘기하니 내려서 얘기하라더라? 표를 체인지해 준다고. 그래서 삼센역에서 내려서 이 이야기를 했더니 내리면 끝이라고 다시 표를 사라대? 그래서 표를 다시 샀지 뭐야. 이거 너무 말이 안 되지 않아?
남자 상관:	(태국어로) 저 사람이 뭐래?
여직원:	(말소리가 작아 마음의 귀로 들은 부분이나 100% 정확함, 역시 태국어로) 응, 저 한국 남자가 아유타야 표를 사야 하는데 치앙마이라고 얘기해서 표를 잘못 샀는데, 열차 내 직원이 내려서 역에다 얘기하면 체인지해 준대서 내려서 얘기했더니 그냥 표를 다시 사라고 했대.
남자 상관:	(음, 생각보다 재미가 없는 내용이잖아 하는 매우 시큰둥한 표정 유지 중)
여직원:	(이번에 필자에게, 영어로) 너 나중에 또 태국 기차 이용을 할 거야?
필자:	응, 또 이용할 수도 있어. 왜?
여직원:	그러면 그때 여기 인포메이션 센터로 와.
필자:	(오잉? 그럼 무슨 할인 혜택 같은 거라도 주려나?) 오, 그럼 어떻게 해 줄 건데?
여직원:	응, 우리가 네가 다시 착각하지 않도록 같이 가서 표를 살 때 행선지를 이야기해 줄게. (고맙지? 세상에 이런 친절한 서비스가 세상에 또 어디 있니 하는 표정 유지 중)
필자:	…….

후알람퐁역 트레인 인포메이션 센터의 모습. 필자가 촬영을 위해 다시 찾은 시각은 오후 7시경이었는데 내부에 직원들은 보이지 않았다. 2024년 4월 7일 촬영.

재밌는 건 나중에 이 얘기를 태국 친구에게 했더니 아마도 경로상 필자가 처음 탄 기차는 가만히 타고 있으면 아유타야를 경유했을 거라고.

한 마디로 서울역에서 대전역을 가는 사람이 부산행을 끊게 되었다고 — 가만있으면 대전역을 경유하는 열차임에도 — 깜짝 놀라서 수원역에 내려 중도에 굳이 표를 바꾸려고 한 셈이었던 것이다. 물론 그렇게 일을 그르친 데에는 승무원 아저씨의 호들갑이 큰 역할을 했지만 말이다.

아무튼 그땐 참 황당했지만 돌이켜 보면 정말 재미있는 추억이고, 기차만 탔다 하면 그때 생각이 나 웃음이 난다.

얼마 전에도 방콕에서 슬리핑 기차를 타고 치앙마이를 들어갈 일이 있었는데 이제는 종이 발권도 필요 없고 휴대폰과 한국 신용카드로 태국 기차표를 쉽게 예약할 수 있었다. 심지어 침대 자리 지정까지 쉽게 할 수 있었던 데다 과거의 작은 후알람퐁역이 아닌, 광명역을 연상케 하는, 서두에서 언급한 방스역에서 출발하는 열차 편이었다. 분명 환경은 깔끔해지고 쾌적해졌는데, 복작복작하고 예약부터 발권까지 모든 것이 사람 손으로 이루어지던, 그래서 실수도 있고 사람 사는 재미도 더 있었던 옛날, 그때가 그립게 느껴지는 건 왜일까? 세월의 흐름에 따라 여행의 재미 하나가 페이지 넘어가듯 사라진 것이 아닌가 싶어 한편으론 아쉬운 마음도 들었다.

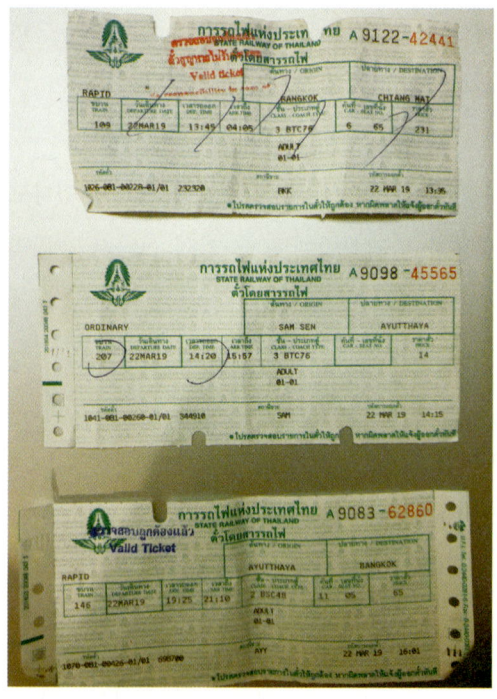

이건 당시에 찍은, 당일 발권된 세 장의 표. 위로부터 바로 그 문제의 방콕-치앙마이, 다시 끊은 삼센-아유타야, 그리고 여행을 마친 뒤 방콕으로 돌아올 때 사용한 아유타야-방콕 리턴 기차표.

Ari Hills 루프탑에서 당겨 찍은 새로운 방콕 중앙역인 방스역의 전경. 역은 끝내주게 지어 놨는데 후 알람퐁역이 뭔가 더 멋지고 아름답게 느껴지는 건 왜일까?

    물론 아직도 많은 완행 기차 노선에서는 휴대폰으로 예약이 되지 않고 사람에 의해서만 발권이 이루어진다. 어쨌든 태국에서 기차 여행을 해 보고 싶으시다면 행선지를 확인 후 예약하고, 그에 맞게 티켓이 발권되었는지를 꼭 확인하시길 바란다. 그리고 치앙마이나 우돈타니처럼 방콕에서 먼 구간을 끊어서 밤새 기차 바퀴의 소음과 진동을 느끼며 잠드는 즐거움을 꼭 한번 맛보시길 바란다. 곧 태국에 고속철도가 도입되어 덜컹덜컹 철로 소음을 들으며 열서너 시간을 누워서 여행하는, 그 투박한 즐거움마저 역사 속으로 황망히 사라지기 전에 말이다.

02
마아와 쑤낙

　태국을 여행하다 보면 참 많이 볼 수 있는 것이 있다. 바로 개, 그것도 무리 지어 다니는 들개다.
　당연히 목줄도 없고 군데군데 피부병 때문에 털이 뭉텅이로 빠져 있는 아이들을 보면 불쌍하기도 하지만, 때로는 사람들에 대해 공격성을 나타내는 경우도 있어 주의를 요한다.

　태국 북동부 이싼 지역에 가면 라오스 비엔티엔과 인접한 '농카이'란 도시가 있다. 농카이에서 홈스테이를 했을 때의 일이다. 저녁을 먹고 너무 배가 불러서 소화도 시킬 겸 숙소에서 한 블록쯤 걸어 나왔는데 다섯 마리의 들개 무리와 마주쳤다.

　그 개들은 'สะเดาะเคราะห์(싸드아크라)'라는 한국으로 치면 과거 사잣밥과 비슷한, 집 인근에 놔두어 근처를 다스리는 귀신들에게 공양하기 위해 만든 공물을 뒤지고 있었는데, 갑자기 필자가 나타난 것이 언짢은 모양이었다. 꽤 거리도 있었고 전혀 방해가 되지 않는 상황임에도 그 가운데 가장 우두머리로 보이는 녀석이 으르렁거리며 위협을 시작하자 서로 함께 짖고 으르렁거리며 필자에게 조금씩 가까이 다가왔다.

순간 돌이라도 집어 던지고 싶어 주변을 살폈지만, 이미 어두워진 터라 변변히 집어 던질 만한 돌이나 물체도 보이지 않았다.

'어쩌지? 도망을 갈 수도 없고….'

그때였다. 골목에서 집주인 아저씨가 오토바이를 타고 등장했다. 오토바이의 불빛과 엔진 소리 그리고 아저씨가 개들에게 외치는 고함에 들개들은 일거에 도망을 치고 말았다. 저녁 설거지를 하시던 주인아주머니가 필자가 대문 밖으로 걸어 나가는 모습을 보시고는 동네 들개들이 걱정된다고 아저씨한테 오토바이를 타고 나가 보라고 하셨다는 것이다. 어찌나 감사한지.

"두리안(필자의 태국 닉네임), 지금 시간에 밖에서 걷는 건 위험하다 캅."

나중에 알고 보니 주인아주머니가 마당에 직접 닭장을 만들어 아끼며 키우던 30여 마리의 닭들도 모두 저 동네 들개들이 넘어와 한 마리씩 물어 가는 바람에 다 잃었고, 동네 사람들 역시 동네 들개 때문에 겪는 피해가 적지 않은 듯했다. 한국에서 이런 일이 있었다면 동네 주민들이 뭉쳐 때려잡든지, 동물 보호단체가 포획에 나서든지 적극적인 방지 대책을 세울 텐데 이럴 때 보면 태국 사람들은 이해가 가지 않을 정도로 참 관대하다.

물론 대부분의 들개들, 특히 날은 더운데 세븐일레븐의 문이 열릴 때마다 시원한 바람이 나오니까 세븐일레븐을 피서지로 삼고 사람이 들어가거나 말거나 떡하니 앞에 자리 잡고 누워서 눈만 꿈뻑꿈뻑 감았다 떴다를 무한 반복하고 있는, 방콕이나 파타야 같은 도시에 살고 있는 들개들은 워낙 사람들의 눈빛과 목소리, 발길에 익숙해 큰 경계심을 나타내지 않는 반면, 시골에 사는 들개들은 제법 경계심도 많고 공격성을 드러내는 경우도 있다.

한번은 차를 렌트해서 짠타부리 인근의 싸깨오로 들어갔는데, 온 동네에 있는 들개들이 합심하여 달리는 필자의 차를 맹렬히 짖으며 한동안 쫓아와서 적잖이 당황스러웠던 적도 있었다.

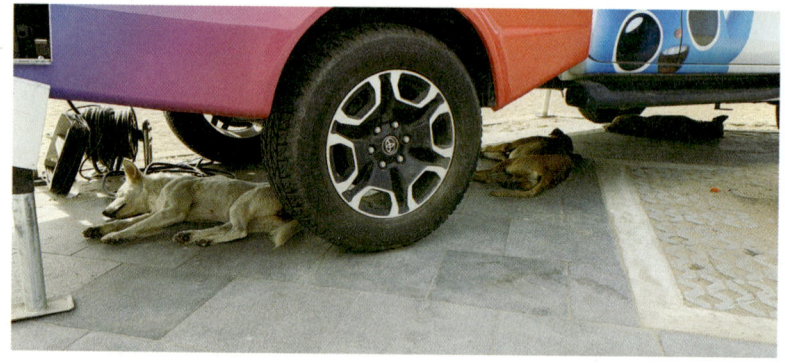

더위를 피하고자 차량 밑에 들어가 있는 태국의 들개들. 도시의 들개들은 대부분 사람에게 공격적이지 않지만, 지방의 들개들은 경계심이 많은 편이어서 주위를 요한다.

이건 들개에 국한된 이야기고 여느 나라처럼 집에서 기르는 많은 태국 개들은 참 온순하며, 태국 사람들 역시 한국 사람들과 마찬가지로 개를 참 사랑한다.

물론 방콕이든 시골이든 아직도 쥐가 참 많은지라 ─ 필자는 한국인들도 많이 가는 방콕 온눗에 위치한 Lotus 2층 식품 코너에서 대형 쥐가 이쪽 매대 밑에서 저쪽 매대 밑으로 쏜살같이 이동하는 모습을 두 눈으로 똑똑히 본 적 있다 ─ 고양이를 키우는 가구가 많지만, 치안에 대한 염려나 앞서 말한 것처럼 들개들이 집을 침입하여 키우는 동물들을 물어 가기도 하는지라 개 역시 많이 키운다.

빠이에서 찍은 사진. 개를 앞에 앉히고 오토바이를 타고 가는 모습이 마치 개가 운전하는 오토바이를 사람이 함께 타고 가는 것 같아 재밌다. 태국에는 개를 사랑하는 사람들이 정말 많다. 개에 대한 특별한 애정의 마음은 나라와 시대를 불문하고 한결같은 듯하다.

앞서 들개로부터 필자를 구해 주신 홈스테이 아저씨의 집에는 앞마당을 지키는 '카우'라는 이름의 태국 토종견 한 마리와 뒷마당을 지키는 시베리안허스키 '빠우빠우', 또 집 안에서 사람들의 사랑을 독차지하는 '모찌'라는 이름의 한 살짜리 포메라니안이 있었는데, 셋 다 무척 순하고 사랑스러운 아이들이었다.

특히 '모찌'라는 이름의 포메라니안 녀석은 이제 한 살 정도 된 귀여운 꼬마 강아지였는데 사람 손을 어찌나 타는지 안고 있다가 잠시라도 내려놓으면 세상에서 가장 무서운 개가 되어 다시 안으라고 온 힘을 다해 짖는 모습이 정말 사랑스러운 아이였다. 그야말로 몹시 귀여운 강아지, '마아 나락 막(หมาน่ารักมาก)'이었다.

02 마아와 쑤낙

어느 날도 여느 때처럼 여행자의 평범한 일상을 마치고 숙소에 돌아와 잠을 자고 있는데, 시베리안허스키 빠우빠우의 울음소리가 심상치 않았다. 밤새 어디가 불편한지 한잠을 자지 못하고 구슬피 울었고, 걱정이 된 집주인 아저씨는 다음 날 아침 일찍 수의사를 불렀다.

인형 같아 보이지만 엄연히 '살아 있는 포메라니안'인 '모찌'의 사진. 당시 한 살 정도 된 어린 강아지였는데 품에서 잠깐이라도 내려놓으면 세상에서 가장 무서운 개가 되어 빨리 안으라고 짖어 대던 모습이 마냥 사랑스러운 아이였다.

수의사 아저씨는 연세가 지긋하고 머리도 좀 벗겨진 분이었는데, 영 신뢰가 가지 않는 행동의 소유자였다. 방문객의 눈으로 볼 때 아마도 저 수의사 아저씨는 최대한 좋게 보면 대동물 수의사가 아니면 전형적인 돌팔이 수의사가 분명해 보였다. 수의사임에도 동물, 그것도 아파서 힘들어하고 있는 반려동물에 대한 기본적인 존중이나 배려를 찾아볼 수 없는 사람이었기 때문이다. 아파서 일어나지도 못하는 아이를 별 촉진을 해 보지도 않고 대충 둘러보더니 주사 두 방을 무성의하게 놓고는 주사 놓은 부분을 탁탁 치며 — 얼마나 아프게 쳤는지 기운이 없는 아이가 '깽' 하고 비명을 지르며 아파할 정도로 — 이제 괜찮을 거란다.

나중에 주인아주머니를 통해 듣자니 태국에서 개들에게 도는 바이러스 때문이라고. 집 안에 있는 나머지 개들과도 당분간 서로 접촉하지 않게 해야 한단다. 앞마당을 지키는 태국 토종견 카우는 이 바이러스에 상대적으로 강한 반면, 외래종인 시베리안허스키 빠우빠우와 포메라니

안 모찌가 이 바이러스에 더 취약하단다.

그날 밤, 빠우빠우는 전날보다 더 괴로워했다. 사실 이 개는 주인아주머니의 친정어머니가 키우시던 개인데, 연세가 많아짐에 따라 딸인 주인아주머니가 맡아 기르게 된 아이였다.

빠우빠우가 밤새 너무 아파하자 주인아주머니는 날이 밝자마자 조카딸을 시켜 바로 옆 동네인 '타보'에서 진짜 주인이었던 친정어머니를 모셔 오게 했고, 거의 이틀간 아무것도 먹지 못하고 괴로운 소리를 내며 힘겨운 숨을 쉬고 있던 빠우빠우는 진짜 주인인 할머니가 오시자마자 냄새로 그리운 주인을 금방도 알아보고는, 눈도 뜨지도 못한 채 힘겹게 꼬리를 몇 번 치더니 그 자리에서 숨을 거두고 말았다.

며칠을 같이 놀던 개가 이틀간 몹시 아파하다 죽으니 마음이 너무 좋지 않았다. 그래서 주인아주머니와 함께 집 앞 공터에 땅을 파고 빠우빠우를 정성껏 묻어 주었다.

걱정과는 달리 다행히 나머지 개들은 바이러스의 영향을 받지는 않았다. 특히 포메라니안 모찌는 떠나올 때까지 필자가 너무도 귀여워했기 때문에 주인아주머니가 농담 삼아 모찌한테 네 아빠 따라서 한국 가라고 했을 정도였다. 떠나오기 전 모찌를 깨끗하게 목욕시켜 주었는데 그 모습이 어찌나 사랑스러웠는지 지금도 잊을 수가 없다.

태국어에 개를 표현하는 단어가 두 가지가 있다. 먼저 'หมา(마아)'다.

태국어엔 성조가 있어서 평음으로 '마'라고 하면 '오다'라는 뜻이 되므로 음을 내렸다가 올리며 '마아'라고 발음해 주면 이것이 바로 '개'를 가리키는 단어, 'หมา(마아)'가 된다.

또 한 가지 표현은 'สุนัข(쑤낙)'이다.

구글 번역기에다가 '마아', 또는 '쑤낙'이라고 말하면 모두 한국어로 '개'라고 번역이 되어 나오지만, 쑤낙은 우리말로는 '견공'쯤 되는, 태국 사람들이 청자를 존중하여 청자의 개에 대해 사용하는 예의 바른 표현 내지 존중 표현이다.

한국어에도 견공이라는 말은 있어도 '묘공'이라는 말은 굳이 없는 것처럼, 태국도 고양이를 많이 키우고 사랑함에도 유독 개에 대해서만 일반적인 단어 외에 굳이 예의 바른 다른 표현의 단어가 있는 것을 보면, 개는 국적 불문, 참으로 사랑스럽고 친근한, 특별한 존재임이 틀림없다.

세븐일레븐 앞에 누워 있는 개들. 앞에 누워 있는 누런 개는 목줄이 있는 걸로 봐서는 주인이 있거나 있었던 개로 보인다. 태국의 들개들 가운데는 공격성을 나타내는 경우도 있지만, 대부분은 사람을 잘 따르고 예민하지 않기에 잘 사귀면 좋은 친구가 되기도 한다.

이 이야기의 서두에서 태국의 들개에 대한 경계가 필요하다는 이야기를 했다. 세상에 나쁜 개는 없다지만 그건 사람에 의해 길러지는 경우고 사람에게 공격성을 드러내는 개는 태국에도 있고 한국에도 있다. 다만 필자의 느낌적인 느낌으로는 태국에서 만난 들개의 약 80%는 사람에 대한 큰 경계심이 없는, 대부분 착한 아이들이었다.

지금 태국에 있다면 여행 중에 주위를 둘러보자. 얌전해 보이는 개 한 마리가 눈에 띈다면, 작은 간식 하나쯤 던져 줘 보는 것은 어떨까? 그 작은 행동을 시작으로 여행을 마칠 때까지 여행의 즐거움과 정을 나눌 수 있는 좋은 친구가 되어 줄지도 모르겠다.

방콕의 제과점에서 판매 중인 작은 생일 케이크. 비숑 프리제의 모습을 소재로 케이크를 만든 것이 이채롭다. 태국 사람들이 개를 사랑하는 마음은 어쩌면 세계 최고일지도.

03 싸톤의 잠 못 이루는 밤

매력적인 나라 태국. 온 세계의 여행자들로 늘 넘쳐나는 관광 대국 태국이다 보니 태국을 서술하는 여러 수식어들이 있다. '미소의 나라', 이 수식어가 무색하지 않게 태국 사람들은 정말 잘 웃어 준다. 특히 낯선 방문객의 웃음에 항상 선한 웃음으로 답해 준다.

그뿐인가? '미식의 나라' 태국이다. 요즘 한국에도 수많은 태국 음식점들이 성업을 할 정도로 태국 음식의 다양함과 풍미는 이미 정평이 나 있다. 그래서 코비드-19가 잠잠해지자마자 기다렸다는 듯, 수많은 여행 프로에서 태국의 여러 도시들을 방문했던 게 아닐까? 여러모로 참 매력적인 나라, 태국이다.

이렇게 태국을 설명하는 여러 수식어가 있지만, 필자의 생각에 이런 수식어도 틀리진 않을 듯싶다.

'신들의 나라'.

태국은 신들이 참 많다. 또 그 신들을 기리고 섬기기 위한 제단도 많고 성물도 많이 판다. 무엇보다 처음 태국을 방문하는 사람들이라면 집집마다 있는 크고 작은 제단들이 눈에 띌 것이다.

태국은 기본적으로 다른 문화와 종교에 대한 관대함이 있는 편이라 다른 나라, 다른 신에 대한 포용력도 남다른 편이다. 국민의 대부분이 불교를 믿음에도 방콕만 하더라도 에라완 사원을 비롯해 힌두교 신을 숭배하는 크고 작은 힌두교 사원들과 더불어 도처에 지어져 있는 수많은 도교 사원들을 보면 태국 사람들이 얼마나 여러 종교와 문화에 너그러운지 단편적으로 알 수 있다.

크리스마스트리로 장식된 방콕 삼얀 밋타운의 모습. 불교가 여전히 국교일 것으로 착각이 될 만큼 불교에 진심인 나라 태국이지만, 다른 종교나 문화에 대한 관대함과 포용력은 남다른 편이다.

게다가 기본적인 숭앙심이 있고 사람들 자체가 선량한 편이어서 성인화된 이름난 사람에 대한 찬양과 숭앙도 빼놓지 않는다. 방콕에서 한참 북쪽의 '수코타이Sukhothai'라는 지역에 가면 수코타이 역사공원이 있는데, 그 공원에는 '태국의 세종대왕'이라 할 수 있는 '람캄행 대왕'의 동상이 있다. 수코타이 역사공원은 문화재가 많고 나무도 많아서 해 질 녘에 가면 특유의 평화로운 분위기를 느낄 수 있었기에 필자는 수코타이에 머무는 동안 해 질 녘마다 자전거를 타고 그 공원을 찾았는데, 백발이 성성하신 아저씨 한 분이 매일 비슷한 시간에 나타나 람캄행 대왕 동상 앞에 가만히 서서 묵도하다 그 동상에 경건히 몸을 숙이는 모습을 보는 것은 필자에게 신선한 충격을 주었다.

크메르 문자를 '개량'해 태국어를 만들었다는 람캄행 대왕. 과거 태국 사람들이 가장 많이 쓰는 지폐인 20바트 지폐 뒷면의 주인공이었던 람캄행 대왕은 한국 사람들에게 있어 세종대왕처럼 많은 태국 사람들의 존경과 사랑을 받는 분이다. 현

과거 20바트 지폐 뒷면의 주인공이셨던 이분이 바로 람캄행 대왕이다. 수코타이 역사공원에 가면 저 모습과 똑같은 동상을 볼 수 있다.

라마 10세 왕이 새로운 20바트 지폐를 만들면서 현 지폐 도안에선 없어졌지만, 지금도 통용되는 과거 라마 9세 때 만들어진 20바트 지폐 뒷면에는 사진처럼 람캄행 대왕 동상이 크게 그려져 있었다.

우리도 세종대왕을 존경하고 감사하게 생각한다. 그래서 우리도 5만 원짜리가 나오기 전, 최고 고액권이었던 만 원짜리의 주인공으로 삼아

오랫동안 융숭하게 대접해 왔다. 사실 이렇게 단순 비교할 일은 아니지만, 태국의 람캄행 대왕처럼 기존 문자의 개량 수준을 넘어, 아예 무에서 유를 창조한, 큰 업적을 세운 세종대왕님이니만큼 이 정도의 감사와 대접은 어쩌면 당연한지도 모르겠다.

하지만 그런 세종대왕님이라 할지라도 존경을 넘어 '숭배'라고 할 만큼 극진한 공경의 모습을 나타내는 한국 사람을 찾기란 쉽지 않은 일이다. 광화문에 있는 세종대왕 동상에 365일, 24시간 CCTV를 붙여 놓고 기다려도 가까이 가서 셀카를 찍는 한국 사람은 많아도 그 앞에서 머리를 조아려 절을 하고 숭배의 태도를 나타내는 한국 사람은 어쩌면 1년 내내 단 한 명도 만날 수 없을지 모르겠다. 실로 기본적인 숭앙심이 많은 태국 사람들이다.

쓰다 보니 이야기가 조금 빗나갔는데, 사실은 람캄행 대왕이나 세종대왕 또는 태국의 여타 신들이나 그에 대한 태국 사람들의 남다른 포용력을 말하고 싶은 게 아니라 그들이 흔히 말하는 'ผี(피)', 영적 존재에 대한 이야기를 쓰고자 한다.

필자는 증조할아버지께서 교회 본당 건물을 지어 감리 교회에 헌납하신, 하나님과 성경을 믿는 집에서 자라났다. 그래서 귀신, 영적인 존재에 대해 보통 이상의 공포감을 갖고 있지 않으며, 살면서 경험하게 되는 어떤 확인되지 않는 현상에 대해서는 그 인과 관계를 먼저 물리 현상을 통해 이해하려고 노력하는 편이다.

그런 필자에게도 딱 두 번, 쉽게 설명되지 않는 일이 있었으니 그 하나는 방콕 사톤의 한 호텔에서 있었던 일이다.

십 년이 다 되어 가는 일이긴 하지만 아직도 그 호텔이 있고, 사톤 지역에 호텔이 그렇게 많지는 않아서 혹시 피해가 갈까 봐 조심스럽긴 하지만 이야기를 풀자면, 체크인을 하고 방에 들어갔을 때부터 느껴졌던 그 서늘한 느낌을 정말이지 잊을 수가 없다.

'뭔가 있다!'

그래, 뭔가 있었다. 눈에 보이진 않지만 뚜렷하게 감지되는 서늘함에서 영감이라곤 없는, 둔한 필자도 느낄 만큼 그 방에는 분명 누군가가, 아니, 무언가가 함께 있었다.

그 느낌은 방이 필요 이상으로 커서 느껴지는 것도 아니었다. 그 숙소를 간 이후와 그 이전, 다양한 크기의 셀 수 없이 많은 태국의 여러 성급의 호텔들과 리조트, 레지던스, 도미토리, 에어비앤비, 개인 집 등에서 수없이 묵어 봤지만, 그런 서늘한 느낌은 어디에서도, 단 한 번도 느껴 본 일이 없었기 때문이다.

지금 생각해 보면 체크아웃까지 예약한 일자가 얼마나 남았든 그 즉시 체크아웃을 하고 다른 호텔로 갔어야 했다. 하지만 그런 경험이 처음이었던 데다가 스스로의 느낌에 대한 확신도 없었기에 '실컷 다니다 이따 와서 잠만 자면 되지'라고 가볍게 생각했던 필자는 태연하게 방을 나와 일정을 보내곤 밤이 다 돼서야 다시 그 방으로 돌아왔다.

변함없는 서늘한 느낌. 안타깝게도 그 느낌은 TV를 켜도 조금도 감소되지 않았다. 그 방에 있다고 생각되는 무언가는 필자가 샤워를 할 때도, 입었던 옷들을 빨래할 때도, 한국의 친구들과 전화를 할 때도 필자를 계속 '지켜보고 있었'다. ― 아니, 지켜보고 있다고 느껴졌다. ― 그리고 그 감정은 잠을 자기 위해 누웠을 때도 똑같이 유지되었다.

당연히 단 한 순간도 잠을 잘 수 없었다. 평생을 살며 그와 같은 서늘함은 거의 경험한 적이 없는 느낌이었다. 그 방은 큰 방 한쪽에 유리 부스로 되어 있는 흡연실이 있었고, 갈색 커튼을 쳐서 흡연실을 가릴 수 있게 한 독특한 구조의 방이었다. 필자는 흡연을 하지 않기에 숙소를 예약할 때 기본적으로 금연 객실을 희망한다고 표시를 하고 예약을 함에도 아무 사전 설명 없이 큰 흡연실이 있는 방이 주어진 것도 익숙지 않은 일인 데다 처음 입실할 때부터 든 희한하고 무서운 감정은 바로 그 흡연실에서부터 기인하였는데, 사진에서처럼 커튼을 쳐서 완전히 가려 놨음에도 그 흡연실에서 무언가가 보고 있다는 그 서늘하고 무서운 감정은 조금도 사그라들지 않았다.

사진으로는 정말 멀쩡해 보이는 몹시 무서웠던 바로 그 문제의 객실. 커튼 뒤는 발코니가 아니고 '흡연실'이었는데 저 부분에 대한 느낌이 그렇게 무서웠다.

    기도를 해도 쉬이 사라지지 않는 이상한 공포의 감정. 단 한 순간도 잠을 잘 수 없었던 필자는 너무 일찍 틀면 옆 객실 투숙객들에게 방해가 될 수 있었기 때문에 뜬 눈으로 새벽 5시 정도까지 기다렸다가 TV를 틀었다. 그러고는 이후 예약이 며칠 더 잡혀 있었음에도 세수를 하고 옷을 주섬주섬 챙겨 입고는 짐을 챙겨서 체크아웃을 하고자 그 객실을 나왔다. 그리곤 로비로 가서 체크아웃을 하고 싶다고 했을 때, 레이디 보이였던 그 리셉션 직원은 어색한 웃음을 웃으며 마치 너의 모든 상황을 다 알고 있다는 듯한 야릇한 표정을 지었다. 그러고는 옆 직원에게 '피 어쩌고저쩌고'라고 짧게 이야기하는 것이 아닌가?

필자가 태국어를 모를 거라고 생각하고 자기네들끼리 나누는 태국어 대화. 유령을 뜻하는 'ผี(피)'는 너무나 쉽게, 그리고 분명히 알아들을 수 있었다. 필자는 내심 정말 소스라치게 놀랐다. 그들이 자기네들끼리 나눈 대화를 통해, 필자는 밤새 느꼈던 그 감정이, 착각이나 기분 탓이 아니라는 것을 공인받은 셈이었다.

숙소에서 이 단어를 다시 들은 건 그로부터 몇 년이 지나서 바다가 보이는 짠타부리 인근의 한 경치 좋은 호텔에서였다. 이 호텔에는 백 년이 넘은 나무가 서 있는, 현대적이고 아름다운 호텔이었는데 라용에서 뜨랏으로 들어가는 도중에 중간 기착의 역할로 하루 잡은 호텔이었다.

숙소는 바다가 보이는 전망으로 각각 방갈로 형태의 단독 건물로 지어져 있어 더없이 조용하여 잠도 잘 왔고 밤새 어떠한 이상한 느낌도 느낄 수 없었는데, 희한한 경험은 다음 날 이른 새벽에 일어났다.

잠을 자고 있는데 침대 바로 옆 협탁에서 전화벨이 울렸다. 휴대폰에서 나는 소리가 아니라 정말 고전적인 8, 90년대 정통 전화의 벨소리, 그것도 처음부터 전화가 낼 수 있는 최고의 데시벨로 울리는 벨소리에 곤히 잠을 자고 있던 필자는 잠에서 깨고 말았다.

'따르릉, 따르르르르르릉'

'아, 뭐지, 아직 체크아웃할 시간도 아닌데….'

'따르릉, 따르르르르르릉'

너무나도 시끄러운 전화벨 소리에 몸을 돌려 전화기를 더듬는 순간, 필자는 놀라지 않을 수 없었다. 그 호텔에는 전화기가 없었기 때문이다. 침대 옆 협탁에는 오직 스탠드뿐, 필자의 휴대폰은 물론이고 소음을 낼 수 있는 건 아무것도 놓여 있지 않았다.

사톤의 객실과는 달리 체크인하고 들어가자마자 아담하면서도 깔끔해서 마음에 들었던 객실. 지금 다시 봐도 밝은 분위기인데 사진으로 볼 때 저 좌측 하얀 스탠드가 놓인 협탁에서 최고 데시벨로 전화벨이 울렸고 전화를 받으려고 잠에서 깨어 몸을 돌려 보니 전화기나 인터폰은커녕 소음을 유발하는 그 어떤 것도 없어 정말 당황스러웠다. 심지어 이 숙소는 옆이나 위아래에 인접 객실이 없는, 방갈로처럼 단독 객실 형태였기에 더욱 이해가 가지 않았다.

자초지종이 명확히 설명되지 않는 현상으로 말미암아 필자는 불쾌하게 잠을 깼고, 조식을 먹으러 식당으로 가서는 커피를 채워 주는 직원과 대화를 나누었다.

필자: 나 오늘 새벽에 깜짝 놀랐다 캅.
직원: 무엇 때문이냐 카?
필자: 자고 있는데 전화벨이 링링링링 울려서 받으려고 보니까 전화가 없었다 캅.
직원: 아, 진짜? 그거, '싸이또 카우짝 피(สายโทรเข้าจากผี)' 때문이다 카.
필자: ???!!!

'싸이또 카우짝 피', 한국어로 굳이 옮기자면 '유령한테서 걸려 온 전화' 그쯤 되겠다.

안심하라고 첨언하는 얘기를 대충 듣자니 나쁜 유령이 아니라 장난치는 유령, 한마디로 도깨비 정도가 행한 일이니 안심하라는 식이다.

이 글을 쓰면서 한 가지 걱정이 든다. 이 글을 읽은 독자분들이 태국 여행을 하면서 멀쩡한 객실에 괜히 공포를 느낄까 염려가 돼서다.

염려하지 마시라. 필자는 태국의 거의 모든 도시들을 다 가 보았고 그 과정에서 다양한 성급의 숙소에 묵었지만, 이 두 번의 경험을 제외하고는 20년 넘게 단 한 번도 직간접적인 이상한 경험을 한 적이 없었다는 사실을 분명히 말씀드린다.

필자가 머리를 식히고 싶을 때 예약하는 방콕 메가방나 근처의 한 숙소. 객실이 호수 안에 떠 있는 것처럼 꾸며 놓은 이 숙소는 태국 현지인들의 추천 숙소라 외국인보다는 내국인들이 더 많은 편이다. 필자는 그간 태국에서 엄청나게 다양한 여러 숙소에서 지내 왔지만 이 장에 쓴, 딱 두 번의 사례 외에는 이상한 경험을 한 적이 전혀 없었다. 확률상 0%에 가까우니 부디 무서워하시거나 염려하지 마시길!

게다가 기록된 이 두 경우에도 호텔 직원들의 말을 태국어가 부족한 필자가 잘못 이해했을 수도 있고, 특히 두 번째 호텔의 경우 어쩌면 오랜 여정으로 너무 피곤해진 나머지 가위눌린 상황일 수 있었다는 점도 꼭 말씀드리고 싶다.

그래도 이미 이 글을 다 읽고 나서 태국 호텔에 대해 공포감을 갖게 되었으니 어떻게 하냐고?

그렇다면…

"커톳 막막나 캅! (대단히 죄송합니다!)"

04
블랙박스와 컴파운드

　이번엔 태국 여행의 질을 높이는 얘기를 좀 해 보자. 코비드-19가 끝나고 한국 사람들이 가장 먼저, 그리고 가장 많이 찾은 나라가 태국이 아닐까 싶다. 필자는 방콕의 삼얀 밋타운 1층 '팀홀튼 카페'에서 이 글을 쓰고 있는데, 프롬퐁에서 40번 버스를 타고 삼얀까지 나오는 도중에 사위와 딸, 장모로 보이는 세 명의 한국인 가족이 '나나'에서 필자가 타고 있던 버스에 탑승해서는 '싸얌 파라곤'에 내렸다. 요새 새로 나온 방콕의 신형 버스 중간에는 장애인을 위해 접히는 3인 좌석이 있는데, 세 사람이 그 자리에 쪼르륵 앉아 큰 소리로 대화를 나눴기 때문에 바로 옆에 앉은 입장에서 그들의 얘기가 너무 잘 들렸다. 이야기에 의하면 일단 싸얌 파라곤을 갔다가 저녁엔 카오산 로드에 나가고 다음 날 점심에 짜뚜짝을 갔다가 저녁엔 조드페어 야시장에 가자고, 아마도 마지막 날인 듯한 월요일엔 짐을 로비에 맡겨 놓고는 마사지를 받고 아이콘 싸얌을 갔다가 짐을 찾아서 공항으로 이동하여 출국할 거란다.

　사실 참 짜임새 있는 스케줄이다. 3, 4일 태국에 여행 와서 이보다 더 뭔가를 누리기란 쉽지 않다.

　필자를 포함하여 누구나 처음 방콕 여행 패턴은 버스에서 만난 저 한국인 가족과 크게 다르지 않게 움직인다. 하지만 태국이라는 나라는 방콕, 파타야에만 머물기엔 나라가 너무 크고 자연 경관이 너무도 아름답다.

태국泰國, 클 泰, 나라 國. 솔직히 참 크다. 그렇기에 큰 나라 태국은 그 크기만큼이나 숨겨진 비경도 정말 많다.

방콕에서 어렵지 않게 이동이 가능한 도시 중에는 대충만 꼽아도 아유타야라든지 깐짜나부리, 라용, 후아힌, 짠타부리 같은 도시들이 있고 이 도시들 모두 많은 볼거리를 자랑한다.

그래서 제안하고 싶은 건 과감히 차량 렌트를 고려해 보시라는 것이다.

아유타야는 워낙 유명한 도시라 별도의 소개가 필요 없을 것 같다. 꼭 불교인이 아니라 하더라도 역사에 관심이 있고 진짜 태국의 분위기를 느껴 보고 싶다면 꼭 한 번 방문해 보실 것을 추천한다. 사실 아유타야에는 곳곳에 맛집도 많고 아기자기한 카페도 많아서 관광과 재미, 두 마리 토끼를 다 잡을 수 있는 곳이기도 하다.

'머딘'에 담긴 닭발 국수의 모습. 한국의 신선로처럼 밑에 불을 붙여 가열을 해 주기 때문에 잘 우러난 뜨거운 닭국물을 맛있게 즐길 수 있다.

필자가 아유타야에 가면 꼭 들르는 닭발 국수 맛집 '쿤 프라놈'. 전통 토기인 '머딘'에 잘게 썬 닭고기나 닭발을 가지고 맛을 낸 국수가 유명하다.

아유타야의 '반 카오놈' 카페. 처음엔 작은 한 칸으로 시작했는데 손님이 계속 늘어나 몇 년 전 번듯한 넓은 카페로 확장되었다. '룩춥'을 비롯하여 다양한 과자와 빵, 커피와 만날 수 있다.

1) 아유타야

아유타야는 꼭 한 번 가 보실 것을 추천한다. 렌터카가 없어도 방콕에서 시외버스나 기차를 타고 금방 이동이 가능하다. 아유타야역 등에는 손님이 선택한 주요 장소들을 돌아 주는 썽태우 기사들이 있는데, 잘 흥정해서 한 바퀴 돌면 서너 시간에도 웬만한 사원과 유적을 다 훑어볼 수 있다.

아유타야에는 오래된 도시에 걸맞게 많은 맛집들이 있는데 필자는 아유타야를 갈 때마다 태국의 전통 토기 '머딘'에 끓여 나오는 닭발 국숫집 '쿤 프라놈Khun Pranorm'은 꼭 들린다. 그 외 현대식 카페지만 처음엔 점포 한 칸으로 시작해서 커피와 빵은 물론, '룩춥'이라고 미니어처 과일 모양의 간식과 다양한 과자가 있는 '반 카오놈Baan Kao Nhom 카페'도 추천한다. 그 외 여러 사원에서 물고기를 키우고 있으니 물고기를 좋아하는 분이라면 과자를 사다가 뿌려 주면 보는 재미가 쏠쏠하다.

2) 깐짜나부리

깐짜나부리는 여러모로 매력적이다. 좋은 골프장도 많고 쾌(콰이)강을 끼고 저렴하면서도 풍광이 좋은 호텔도 많을 뿐 아니라, 전쟁 박물관이나 야시장 등 볼거리와 갈 곳도 많다. 큰 동산 크기의 '자이언트 짬쭈리 나무'와 호랑이 사원인 '왓 탐쓰아' 주변에는 뷰가 좋은 맛집과 카페들이 많고, '에라완 폭포'로 올라가는 길 좌측으로는 스위스나 캐나다의 자연과 비길 만한 아름다운 비경을 볼 수 있는데, 연인이라면 쾌강에 떠 있는 형태의 프라이빗한 숙소에서 한 번쯤 머물러 보실 것을 추천한다. 머무는 일자가 충분하다면 '쾌리버역'에서 '남똑역' 사이를 기차로 왕복해 보실 것도 추천한다.

3) 라용
태국의 바다는 참 아름답다. 특히 일몰은 핑크색을 넘어 보라색이라 할 만큼 색이 화려하고 아름답다. 라용은 시내보다는 좀 떨어진 '메리어트 호텔' 인근의 리조트가 연인들이 머물기에 더 아름다운데, 근처엔 해변을 끼고 신선한 해산물을 먹을 수 있는 식당이 많아 가족 여행객들이 즐기기에도 매우 좋다. 필자가 태국 음식 중에 가장 좋아하는 요리 중 하나가 농어 튀김 요리인 '쁠라까퐁 텃 남쁠라'인데 라용에서 먹는 '쁠라까퐁 텃 남쁠라'가 단연 태국 최고라고 확신한다.

4) 후아힌
후아힌 역시 방콕에서 기차나 버스로 접근이 용이하다. 후아힌은 바다의 색이 라용이나 코사멧처럼 푸르고 예쁜 편은 아니지만, 왕족 휴양지인 만큼 향락 시설이 없어 가족 여행객이라면 조용히 있다가 돌아올 수 있는 멋진 휴양 도시다. 후아힌 '힐튼'과 '아난타라'는 라용의 메리어트처럼 멋진 해변을 끼고 있는데, 그 외에도 근처엔 중소형 호텔이 많으므로 적당한 가격으로 숙박이 가능하다. 그렇게 크진 않지만 쇼핑센터와 '카오 따끼압' 해변, '프라야 나콘' 동굴, 야시장, '힐렉 파이 힐' 전망대 등이 있어 관광 포인트도 꽤 있는 편이다. 기차역이 아름답기로 유명하다.

5) 짠타부리, 꼬사멧, 꼬창
짠타부리는 지금까지 열거된 도시들과 비교하여 상대적으로 한국 여행객에게 가장 알려지지 않은 도시다. 하지만 300년 넘은 성당을 비롯해 좋은 사진을 찍을만한 예쁜 카페와 포토 스팟이 많아 태국의 다양한 지역을 여행하고 싶은 젊은 여행객이라면 한 번쯤 가 보실 것을 추천한다. 또 꼬창을 목적지로 하는 여행자라면 경유 거점으로 삼아 머물러 보아도 좋다. 농장이 많아 과일이 풍부하며 질 좋은 말린 해산물도 저렴하다.

깐짜나부리는 이미 많은 골퍼들로부터 아름다운 도시로 정평이 나 있다. 하지만 이 도시는 골프 말고도 많은 볼거리로 태국인들에게 사랑받는 도시이기도 하다. 태국 사람들도 가족 단위로 많이 찾는, 여러 비경을 자랑하는 '에라완 폭포'와 '싸이욕 노이 폭포'를 비롯해 거짓말을 좀 보태자면 웬만한 작은 산만큼 큰 초대형 '자이언트 짬쭈리 나무'와 태국을 한 번도 방문해 본 적 없는 사람이라도 영화 제목으로라도 한 번쯤은 들어봤을 유명한 '콰이강의 다리'나 주변의 논과 들판이 한눈에 내려다보이는 '왓 탐쓰아' 사원 및 아름다운 카페들과 식당들이 많아서 한 일주일을 머물며 즐겨도 즐길 것들이 충분한, 다양한 아름다움을 지닌 훌륭한 관광 도시다.

'남똑역'의 모습. 태국어로 '남똑'은 '폭포'를 의미하는데 이 역에서 송태우를 타고 가면 얼마 떨어지지 않은 곳에 '싸이욕 노이 폭포Namtok Sai Yok Noi' 가 있다.

깐짜나부리 남쪽 에라완의 일곱 레벨로 되어 있는 폭포 가운데 6레벨 폭포의 모습. 6레벨 폭포가 가장 아름답다고 말하는 사람도 있고 7레벨 폭포가 최고라고 말하는 사람도 있지만, 필자는 처음 에라완 폭포에 갔을 때부터 이 6레벨 폭포가 제일 마음에 들었다.

깐짜나부리 '쾌리버(콰이강의 다리)역'에서 남똑역으로 기차를 타고 가는 도중 볼 수 있는 흔한 뷰. 쾌강 주변에는 아름다운 경치를 볼 수 있는 수상 숙소도 많아 연인끼리 특별한 시간을 보내기 좋다.

깐짜나부리 시내에서 에라완 폭포 방향으로 가다 보면 마주할 수 있는 아름다운 자연과 어우러진 수상 숙소. 아무리 큰 근심이 있다 해도 이런 환경에서 한 달만 살면 모두 치유되지 않을까?

깐짜나부리에 있는 자이언트 짬쭈리 나무Chamchuri Yak. 사진으로 보면 그렇게 커 보이지 않을지 몰라도 막상 가서 실물을 영접하면 한 그루의 나무라고 믿기지 않을 만큼 큰, 웬만한 '동산만큼' 큰 나무다.

위에 게시한 전경 사진과 다른 계절에 찍은 자이언트 짬쭈리 나무. 서양 관광객 가족 셋이 선 것이 저 정도이니 한 그루의 나무가 얼마나 큰지 실감이 되실 듯.

라용은 태국에서 아름다운 낙조를 감상할 수 있는 도시 가운데 하나다. 그리고 신선한 해산물과 과일을 상대적으로 저렴한 가격으로 즐길 수 있는 한적한 해안 도시다. 분위기가 조용해서 아이가 포함된 일가족이 머물기에 좋으며, 가까이에 있는 파타야와 엮어서 가게 되면 부부나 연인이 머물기에 좋다.

라용에서 흔하게 볼 수 있는 자줏빛 해넘이. 바다가 포함된, 풍경화 같은 아름다운 자연 그 자체를 즐기고 싶은 분이나 리조트를 잡아서 가족끼리 조용하고 오붓한 시간을 보내기를 원하시는 분들께 추천한다.

라용의 한 마트에서 만난 연어. 필자는 키도, 손도 꽤 큰 편인데도 필자의 손의 족히 대여섯 배는 되어 보였던 초대형 연어. 라용은 신선하고 맛있는 해산물과 해산물 요리를 즐기기에 참 좋은 도시다.

라용의 한 마을에서 자체 판매 중인 두리안과 과일들. 라용과 짠타부리에는 과일 농장이 많아 다른 지역보다 상대적으로 저렴하게 과일을 구입할 수 있다. 라용의 수파트라 랜드는 과일 뷔페로 유명한데 가격이 많이 오르긴 했지만 여전히 두리안 뷔페를 즐길 수 있다.

후아힌은 파타야에서 유흥을 뺀 느낌이라고 하면 이해가 쉽지 않을까 싶다. 방콕 근처에서 바다를 만끽하고 싶은데 필자처럼 파타야 특유의 유흥 분위기가 싫다면 후아힌을 추천한다. '프라야 나콘 동굴'이나 '카오 따끼압' 해변을 비롯한 멋진 관광지와 여러 뷰 포인트가 있어 가족 여행지로 안성맞춤이다. 그러면서도 조용하고 다정하며, 따뜻하고 포근하다. 필자가 2022년에 머물고 있을 때는 뜻밖에도 '케니 지 Kenny G'가 찾아와 공연을 하기도 했다.

후아힌의 카오 따끼압 사원에서 차암 해변 쪽을 바라보며 한 컷. 후아힌은 유흥 분위기가 없어 자연을 만끽하며 조용히 휴식을 취하고 싶을 때 최적의 장소이다. '힌렉 파이 힐' 전망대에 오르면 후아힌을 한눈에 내려다볼 수 있다.

먹거리가 많은 후아힌 '타마린드 마켓'의 모습. 주말에 운영되는 인근의 '시카다 마켓'과 더불어 관광객에게 좋은 야시장 분위기를 연출한다. 이런 깔끔하고 정형화된 분위기보다 약간 서민적이고도 전통적인 야시장을 원하신다면 '찻차이 시장'을 가 보시길.

빨간색과 연베이지색의 조화가 인상적이었던 과거 후아힌 역사 내의 매표소. 랜드마크인 까닭에 후아힌에 가면 역의 모습을 소재로 디자인한 여러 기념품을 살 수 있다. 2022년 5월 2일 촬영.

역명을 알리는 입간판과 역무원이 후아힌 입간판을 들고 있는 모습을 소재로 만든 인형. 오래된 역이지만 느낌이 예쁘고 단정하다.

짠타부리 역시 꽤나 다양한 볼거리를 자랑하는데, 아름다운 바다가 바로 보이는 리조트도 있고 구시가에는 태국에서 보기 드문 고딕 양식으로 지어진 대성당도 있는 데다 대성당으로 가는 도중, 양옆의 분위기 좋은 카페들과 전시장 등이 있어 사진 찍는 걸 좋아하는 사람이라면 누구나 만족할 만한 도시다. 두리안을 비롯해 여러 과일을 재배하는 농장들이 많으며, 골프장도 많아 찾는 사람이 점차 늘어나고는 있지만 아직은 많은 관광객이 찾지는 않는 터라 가족 단위로 관광하기에도 좋다.

짠타부리 대성당으로 가는 길에서 흔하게 만날 수 있는 태국 분위기가 물씬 풍기는 건물들.

짠타부리 강변에 위치한 식당의 흔한 장식. 아기자기한 소품으로 장식된 카페들과 식당들이 많아 다채롭고 감각적인 사진을 원하신다면 추천해 드리고 싶은 도시 중 하나이다.

18C 초에 지어져 역사가 무려 300년이 넘은 짠타부리 대성당. 프랑스 선교사들에 의해 고딕 양식으로 지어진 이 성당은 태국에서 흔히 볼 수 없는 독특한 모습을 자랑한다.

뭐 당연한 얘기지만 렌트를 하게 되면 많은 부가적인 장점을 누릴 수 있다. 기동성이 좋아지는 것은 물론이고 대중교통을 이용하기 위해 터미널이나 정류장으로 움직이거나 기다리는 시간을 없애 주기 때문에 시간 사용에 있어서도 많은 유익이 있다.

어디 그뿐인가? 갈 때는 택시나 그랩, 볼트 같은 전용 교통수단의 접근이 용이하지만, 나중에 관광지에서 숙소 쪽으로 나올 때는 그랩이나 볼트가 잘 잡히지 않아 고생스러운, 대중화되지 않은 관광지도 편하게 다녀올 수 있는 특권이 주어지며, 큰 트렁크 가방을 끌고 다니는 수고를 하지 않아도 될 뿐 아니라 여행에서 갑자기 마주하는 뜻밖의 아름다운 순간에 잠깐 멈춰서 그 아름다움을 만끽할 수 있는 특별한 기회를 제공해 주기도 한다.

그럼에도 렌트를 망설이게 되는 건 아마 방콕에서부터 운전할 엄두가 나지 않는 것, 그게 제일 큰 이유가 될 것이다.

하지만 잊지 말자. 우리가 어떤 사람들인가? 운전 환경으로 따지면 결코 녹록하지 않은, 대한민국에서 단련된 사람들이 아니던가?

역으로 태국 사람들이 한국에 와서, 특히 서울에서 한국 사람들이 운전하는 차를 처음 타 보는 유튜브 동영상 등을 보면 대부분의 태국 사람들은 한국의 운전과 운전 문화를 무서워한다. '어떻게 저렇게 좁은 틈으로 쏙 끼어드냐고, 어떻게 저렇게 배려 없이 운전하냐고.' 우리 한국 사람들이 보기엔 자기네들이 더 좁은 틈으로 쑤시고 들어오고 훨씬 배려 없이 운전하는 것처럼 보이는데도 말이다. 말하고자 하는 요지는 어느 나라 사람들이 운전을 잘하고 못하고의 문제가 아니라 서로의 운전 환경과 문화가 다르기 때문에 다른 운전 상황에서 막연한 염려를 갖는 건 지극히 자연스러운 일이라는 것이다.

해외여행을 가기 위해선 여권이 반드시 필요하듯, 일단 태국에서 운전하기 위해서는 한국 운전 면허증과 한국에서 발급받은 국제 운전 면허증이 필요하다.

2024년 11월 26일 기준, 태국에서 아직까지는 한국에서 발급된 영문 면허증을 인정해 주지 않고 있으므로 한국 면허증과 경찰서에서 돈을 내고 발급받은, 종이로 된 '국제 운전 면허증' 둘 다 필요하다.

이에 더하여 — 꼭 태국이 아니더라도 외국에서 — 렌터카 운전을 위해 필자가 더 준비하는 것은 (1) 차량 전면·후면 2채널 블랙박스와 여분의 SD카드, (2) 구글맵 내비게이션을 사용하기 위한 전용 휴대폰 거치대, (3) 차내에서 다양한 기구를 충전할 USB 익스텐션, (4) 충분한 용량의 보조 배터리, (5) 컴파운드, (6) 차량 부착용 3M 스티커, 케이블 타이 등이 있다.

자 그럼 이것들이 왜 필요한지 살펴보자.

(1) 차량 전면·후면 2채널 블랙박스와 여분의 SD카드

설명이 필요 없겠다. 태국에서 일반적으로 가장 저렴한 차량을 빌리면 Nissan Almera나 Toyota Yaris 같은 소형차를 빌리게 되는데, 이 차들에는 대부분 블랙박스가 없다.

물론 돈을 더 내면 블랙박스가 장착된 차량도 빌릴 수 있겠으나 이럴 경우 화면 메뉴나 음성 지원이 태국어 또는 영어로 제공되기 때문에 약간 불편하다.

그러므로 운전 계획이 있다면 아예 한국에서 전면과 후면을 녹화하는 2채널 블랙박스를 가지고 나가자. 인터넷에서 10만 원 내외로 구입 가능하며, 당연히 중고 시장에서 더 저렴하게 구입 가능하다. 갔다 와서 다시 쓸 일이 없을 것 같으면 중고 시장에 비슷한 가격으로 다시 팔면 그만이다. SD 카드에 문제가 생기면 곤란하니 블랙박스가 인식하는 여분의 SD 카드도 하나 더 준비하자. 큰 심리적 안정을 줄 것이다.

(2) 구글맵 내비게이션을 사용하기 위한 전용 휴대폰 거치대

이건 다이소에서 저렴하게 팔고 있으니 하나 구입하면 된다. 심지어 방콕의 여러 쇼핑센터에서 흔히 만날 수 있는 태국 다이소를 비롯해 태국의 여러 잡화점에서도 팔고 있으니 여기 와서 구입해도 된다. 둘 다 사용해 본 입장에서 한국에서 파는 부착형 거치대는 어마어마한 태국 태양에 두 손 두 발을 다 들고 늘어져 떨어지는 경우가 많았다. 그리고 더운 건기엔 휴대폰이 충전 중 발열로 꺼지거나 충전이 중단되는 문제도 있으므로 차라리 에어컨 송풍구에 꽂는 형태로 된 제품이 태양에 녹아 떨어지는 일도 없고 자연히 휴대폰 냉각도 시켜 주어 쓰기 좋다. 참고하시길.

(3) 차내에서 다양한 기구를 충전할 USB 익스텐션

소형차에는 대부분 시거잭과 USB 잭이 각각 하나만 있는 경우도 많다. 이럴 경우 시거잭으로 충전하는 블랙박스와 USB로 구동되는 구글 내비 전용 휴대폰 하나만 물려도 차내 충전 장비는 아무것도 더 쓸 수 없게 된다. 이럴 때를 대비해 USB 익스텐션을 준비하면 사용할 일이 많다. 이 역시 태국의 전자 장비 소매점에서도 쉽게 구입이 가능하다.

(4) 충분한 용량의 보조 배터리

보조 배터리가 있으면 차량에서 이동 중에 전자기기를 연결해서 작업을 수행하기도 좋고, 그 외 돌발 상황에 대처하기도 용이하다. 필자의 경우 매 여행에 동반하며, 잊지 않고 전날 밤 숙소에서 완전히 충전을 해 놓는다. 10,000mA 이상의 제품이 좋지만 부피나 무게가 부담된다면 요새는 아예 휴대폰에 꽂아서 함께 들고 다니기 용이한 5,000mA 제품도 많이 팔고 있으므로 하나 구입해서 나오자.

(5) 컴파운드

태국에서는 나무가 정말 빨리 자란다. 그러다 보니 필요에 의해 가지치기나 벌목을 많이 하는 편이다. 벌목 차량이 1차선, 그러니까 도로의 맨 우측에서 유턴을 위해 유턴 신호를 기다리고 있었고, 필자의 차량은 옆 2차선에서 직진 신호를 기다리고 있었는데, 유턴 신호를 먼저 받은 벌목 차량이 필자의 렌터카를 차량 맨 뒤에서부터 맨 앞까지 굵은 나무 줄기로 쭈아아아악 쓸며 유턴을 하였다. 나중에 내려서 차를 살펴보니 필자의 차는 소형차인 반면, 벌목 차량은 트럭이라 나무가 높게 실려 있어 다행히 차체가 아니라 유리창 위쪽을 쭈욱 쓸고 지나갔기 때문에 별다른 손상이 없어 문제 되지 않았지만, 태국에서 운전을 하다 보면 여러 이유로 차에 작은 기스가 나거나 오염이 될 수 있기 때문에 필자는 차량을 렌트할 계획이 있을 때는 만약을 대비하여 컴파운드와 극세사 타올을 챙겨 가지고 나온다.

(6) 차량 부착용 3M 스티커, 케이블 타이

렌터카를 타다 보면 뜻밖에 쓸 일이 많은 것이 차내 고정용 도구들이다. 블랙박스와 휴대폰 거치대를 비롯해 이런저런 차내 도구들이 더위에 못 이겨 떨어지기도 하기 때문이다. 이럴 때 매우 유용하니 반드시 3M에서 나온 차내 고정 부착용 테이프와 3M 스카치 테이프, 케이블 타이를 구입해 나오자. 케이블 타이는 많이도 필요 없고 긴 것 기준 10개 정도면 충분하다.

볏짚을 가득 실은 태국의 트럭. 한국보다는 도로에서 여러 변수가 있을 수 있으므로 길이 넓다 해도 과속을 해서는 안 된다.

농카이에서 만난 택배 이동 트럭. 옛날 한국에서도 그랬던 것처럼 아직까지도 태국에서는 트럭 짐칸에 사람이 타는 일이 흔하다.

자 이렇게 해서 우리는 태국에서 운전을 하기 위한 어느 정도의 준비를 끝냈다. 이제 태국에서 운전을 하려는 독자님들께 작은 조언 몇 가지를 덧붙인다.

첫 번째, 각 도시마다 운전 질서와 패턴이 다르다. 그것이 온전히 읽히기 전까지는 더욱 조심히 운전한다.

무슨 말인지 이해가 가시는지? 서울 사람들이 부산에 가면 일반적으로 운전이 어렵다고 이야기한다. 지금은 많이 사라졌지만 과거엔 유료 터널, 유료 도로가 많았고, 직진 차선을 잘 받고 가고 있었는데, 갑자기 그 차선이 좌회전 차선으로 바뀌어 우측으로 끼지 않으면 안 되는 도로가 꽤 여러 군데 있기 때문이다. 또 특정 도시에 가면 다른 도시보다 급격한 끼어들기를 심하게 한다든지, 한국도 도시마다 운전자의 습관과 질서가 다양하다.

태국도 마찬가지다. 치앙마이 같은 도시는 대도시임에도 성곽 등 문화재들로 인해 도로가 좁아 차선이 충분하지 않다 보니 초기 가속이 차량보다 훨씬 빠른 오토바이가 직진 신호로 바뀌기가 무섭게 차 앞으로 휙휙 넘어온다. 그러다 보니 차량 운전자 입장에서 깜짝깜짝 놀라는 일이 꽤 많다. 그리고 필자의 경험상, 아주 확연히, '코랏'이라고도 불리는 이싼 지역의 '나콘라차시마'는 대부분 운전자들의 운전 습관이 거칠었고 배려가 부족했다.

나콘라차시마 랜드마크인 '춤폰 게이트'. 유적들은 섬세하고 아름다웠는데, 아쉽게도 운전자들의 매너는 터프했고 거칠었다.

    이런 특징들은 그 도시에서 운전을 하다 보면 자연스럽게 읽히고 파악이 된다. 그러므로 각 도시에 접어들 때 한 10분은 특별한 주의를 기울이며 운전을 하면서 그 도시의 운전 질서와 매너를 파악한다면 안전 운전에 큰 도움이 될 것이다.

    두 번째, 태국에서는 조급함을 내려놓자.

구글 내비게이션은 대안이 없어서 사용할 뿐이지 한국의 내비게이션처럼 미려하고 디테일한 운전 안내 수단은 아니다. 회전하라는 지시가 실상은 회전이 아니라 약간 휘어지는 길인 경우도 많고, 아예 진입이 불가능한 경우도 많다.

또 방콕에서 조금만 벗어나도 비포장도로나 편도 1차선이거나 트랙터 같은 농기구가 차선 전체를 점하고 천천히 이동하는 경우도 많으며, 때로는 우기에 갑작스러운 소나기로 길이 일시 폐쇄되기도 하고 빙 돌아가야 하는 경우도 생긴다. 길이 넓어 보인다고, 좀 더 빨리 가고 싶다고 과속이나 급격한 차선 변경은 절대 안 된다. 가려진 나무 틈에서 언제 오토바이나 툭툭이가 튀어나올지 모르며, 크고 작은 동물들이 나오는 일도 허다하다.

그에 더해서 도로를 운전하고 있는 태국의 수많은 오토바이와 택시와 툭툭이와 버스와 트럭이 보이지 않는 암묵적인 질서와 저마다의 진로를 지키며 운전하고 있다는 것도 잊지 말자. 어떤 경우에도 조급함은 내려놓자. 여기는 한국이 아니다.

한국에서도 운전 중 급격한 차선 변경은 사고를 불러올 수 있으며, 운전 중 다양한 변수가 발생하기 마련이다. 하물며 태국은 나라가 넓다 보니 그 변수의 폭도 크고 다양하다. 그러므로 무엇보다 여행에 있어 가장 중요한 것은 '안전'이라는 사실을 잊지 말고, 어떤 경우든 좋은 여행의 일부이자 추억이라고 여기고 여유를 갖고 운전하시길 바란다.

깜팽펫에서 갑작스러운 폭우로 인해 도로가 끊어진 모습. 요새는 한국도 그렇지만 태국의 경우도 우기엔 특정한 지역에 집중 호우가 내려 일시적으로 도로가 마비되는 경우가 종종 발생한다. 태국에서는 날씨의 급변이 흔하니 천천히 여유를 가지고 운전하자.

    우리는 지금까지 렌터카를 안전하게 운행하기 위한 여러 방법을 살펴보았다. 그럼에도 불구하고 너무 무섭다고? 운전하기 겁난다고? 다시 말씀드리지만 우리는 좁디좁은 한국의 어려운 운전 환경을 이겨 내고 성공적인 운전을 해 온 사람들이다. 또한 렌터카 업체마다 조금씩은 다르지만 기본적인 보험으로 웬만한 문제는 충분히 커버가 된다. 너무 무서워 말고 용기를 내서 차를 렌트해 보자. 다음 여행부터는 태국에서 렌트하지 않고는 견디기 어려울지 모른다.

05 코비드의 추억

'오라오라병(病)'이라고 들어 보았는지? 태국을 한 번도 오지 않은 사람은 있어도 한 번만 와 본 사람은 없다는 말과 연관된 이 질병. 태국이 자꾸 오라고 오라고 손짓을 해서 정상적인 생활을 못하게 만든다는 무서운 이 병. 화병도 처음에는 질병으로 인정되지 않다가 많은 사람들이 너무 힘들어하다 보니 나중엔 질병으로 인정되고 질병 분류 코드도 생긴 것처럼, 오라오라병도 전 세계 많은 사람들이 걸려서 힘들어하는 만큼, 어쩌면 어느 순간 세계 보건기구로부터 정식 질병으로 인정되는 건 아닌지 모르겠다.

오라오라병에 걸린 입장에서 가장 힘들었던 때는 코비드가 막 시작된 2020년이었다. 그해는 아예 코비드 백신도 없었고 바이러스의 심각성만 부각되었던 터라 도저히 태국에 들어올 수가 없었다.

그나마 필자는 정말 다행스럽게도 코비드 바이러스가 중국에서 이제 막 퍼지기 시작할 무렵인 2019년 12월 말까지 태국에 있다가 한국으로 들어왔기 때문에 오라오라병 말기 환자임에도 2020년 한 해를 한국에서 꾹 참고 견딜 수 있었지만, 문제는 2021년에 찾아왔다.

1년이나 못 나가고 기다렸는데 1년을 더 기다린다는 것은 정말 너무나도 힘든 일이었다. 참을 수 없었던 필자는 누구보다도 먼저 잔여 백신을 이용, 2차 백신까지 후다닥 맞은 뒤 2021년 6월, 드디어 꿈에 그리던 태국으로 들어올 수 있었다.

이를 위해 태국 대사관을 통해 특별 여행 허가를 받아야 했는데, 두 번 백신 접종을 완료했다는 백신 접종 증명서와 그와 별개로 비행기 탑승 72시간 내, 병원에 가서 15만 원을 주고 RT-PCR 검사를 받은 뒤 영문으로 발행된 코비드 음성 결과지를 제출해야 했다. 또 당시엔 저가 항공이 모두 운행이 중지되었기에 대한항공과 아시아나항공을 통해 예약한 E-티켓을 첨부해야 하는 수고와 비용이 뒤따랐지만, 일 년 반 만의 여행은 그 자체로 너무나 설레는 일이었다.

드디어 출국. 인천공항은 그동안 보아 온 인천공항이 아니었다. 카운터에 있는 사람은 필자를 비롯해 직원과 손님을 모두 합쳐 총 8명 남짓. 출국자가 없는 상황에서 수속은 아무런 기다림 없이 이루어졌고 탑승동의 면세점은 아예 문을 닫고 있었다. 이어 탑승한 비행기에서는 승무원 모두가 KF-94 마스크에 안면 보호 실드도 착용하고 있어 긴장감은 배가 되었다. 한 가지 좋은 점은 '눕코노미'가 되었다는 것, 비행기 전체에 탑승자가 몇 명 안 되어 태국으로 들어가는 비행기, 나오는 비행기 모두에서 네 줄 좌석에 편하게 누워서 가고 오는, 눕코노미를 시전할 수 있었다.

드디어 도착한 수완나품 국제공항. 공항의 분위기는 냉엄하다 못해 살벌하기까지 했다. 물론 인천공항도 당시 긴장도에 있어서 수완나품 국제공항과 비슷한 수준이었을 테지만, 그래도 내 나라 공항에서 느껴지는 긴장감이 100이었다면, 수완나품 국제공항은 한 500쯤 되었다. 입국자는 미리 마련된 좌석에 앉아 차례를 기다리다가 2번에 걸친 검역관의 질문과 확인을 거쳐야 했고, 통과된 사람만 이미그레이션을 거쳐 밖으로 나올 수 있었는데, 입국장 밖으로 나와서도 지정 자리에 앉아 2주간 격리될 호텔로 가는 전용 차량을 기다렸다가 타고 나가야 하는 시스템이었다.

수완나품 국제공항에 도착해 검역을 대기하고 있는 사람들. 코비드 검사 결과지 등 미리 준비한 서류를 내고 검역관들의 질문에 답을 한 뒤 마지막으로 이미그레이션 통과를 마친 사람들만 호텔에서 보내온 전용 차량을 타고 지정 격리 호텔로 갈 수 있는 구조.

각종 서류를 준비하고 검역 절차를 기다리고 있는 필자. 태국행 비행기를 타기 72시간 전 RT-PCR 검사 및 2주 격리 호텔 예약 등 평시 여행에 비해 200만 원 가까운 추가 비용이 소요되었음에도 태국에 다시 들어올 수 있다는 것만으로도 대단히 가슴 설렜다. 아, 이눔의 불치병 오라오라는 왜 자꾸 병세가 악화되기만 하는 것일까?

필자가 격리했던 호텔은 비교적 저렴한 가격에 속하는 '시즌스 시암 호텔Seasons Siam Hotel'이었다. 크지도 않은 방에 1일 3식 및 총 3번의 PCR 검사 — 체크인하고 나서 즉시, 체크인한 날로부터 1주 되었을 때, 2주 후 체크아웃 시 — 비용을 포함한 총금액이 14박 15일에 약 110만 원이니까 1일 평균 8만 원 정도의 금액이 소요되었지만, 그래도 그리워하던 방콕 한복판에서 1년 만에 숨을 쉴 수 있다는 것만으로도 즐겁고 행복하게 느껴졌다.

처음 투숙, 아니 입소를 하게 되면 Line 앱으로 호텔 ID 계정을 알려 주는데 입소자는 제공된 체온계로 매일 3번 체온을 재서 보고해야 한다. 또 식사는 요일별 메뉴판을 보고 아침, 점심, 저녁 메뉴 하나씩을 선택하게 되어 있는데 늦지 않게

직원이 놓고 간 도시락. 도시락에 필자의 격리 객실 번호 715가 쓰여 있다.

바꾸면 메뉴 변경도 가능했다. 식사 때가 되어 밖에서 문을 똑똑 두드리면 이는 바로 문 앞 탁자에 도시락 갖다 놨다는 신호. 문을 열면 그렇게 맛있지도, 맛없지도 않은 도시락과 간단한 과일이 놓여 있다.

삼시 세끼 뭘 먹을 것인지 물어보는 메뉴판. 저 메뉴판을 보고 아침, 점심, 저녁에 먹을 메뉴의 번호를 선택하여 종이에 써서 내면 그 메뉴를 가지고 온다. 사전에 Line 앱으로 톡을 남기면 메뉴 변경도 가능하다.

도시락 배급을 하고 있는 호텔 직원. 노크 소리를 듣고 방문을 열면 주문한 메뉴의 도시락이 놓여 있는 비대면 배달 시스템. 말이 좋아 호텔이지 어쩌면 감옥이랑 별반 다를 바가 없었다는.

발코니나 빨래 건조대가 따로 없어 빨래한 옷들을 커튼 핀을 꽂는 레일 철물에 걸어 말리고 있는 모습. 저 주황색 줄은 제대로 된 끈이 아니고 입소자에게 주어진 격리용 주황색 비닐 봉투를 커터 칼을 이용해 세로로 자른 것이다. 그땐 그저 재미있다고 생각했는데 시간이 지나 지금 이 사진을 보니 당시의 필자가 좀 처량하게 느껴진다.

재밌는 건 린넨 교체도 입소자 스스로 해야 한다는 거다. Line 앱에다 '나 오늘 침대보 좀 바꾸고 청소 좀 하고 싶어.'라고 쓰면 잠시 후 빗자루와 물걸레, 면 시트와 이불보, 베개 커버가 담긴 수레를 문 앞에 놓고 문을 똑똑 두드린다. 그러면 입소자가 그 도구들을 이용해 청소를 하고 면 시트와 이불보, 베개 커버를 갈고는 기존의 시트와 커버 등을 주황색 비닐 봉투에 밀봉하여 수레에 올려놓으면 되었다.

쓰면서 다시 보니 호텔에 묵는 투숙객이 아니라 정말 사설 교도소쯤에 들어온 '입소자'에 가까웠다는 생각이 든다. 여하튼 한 일주일이 지날 무렵까지는 이 모든 시스템이 대부분 합리적이라고 생각했는데 문제는 일주일이 지나서, 그러니까 총 2번의 PCR 검사에서 음성이 나왔음에도 시스템의 경직도가 조금도 완화되지 않는 것은 다소 이해가 가지 않았다.

아무도 접촉하지 않았고 혼자 지내는 사람이 두 번의 PCR 검사로도 음성이 나왔음에도 다시 또 1주가 지나 최종 음성 판정을 받기 전까지는 호텔 밖으로 한 발자국도 나갈 수 없다는 규정. 더도 아니고 호텔 1층에 내려와서 바깥 공기라도 쐬고

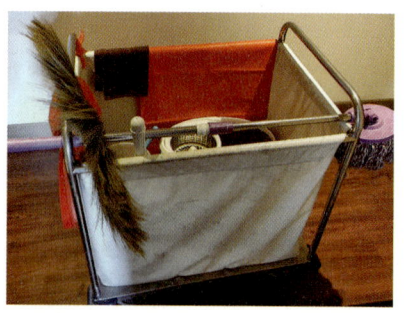
Line 앱에 방을 청소하고 싶다고 쓰면 방 앞에 가져다주는 방 청소 도구들.

들어갈 수 있다면 좋으련만 어쩌겠는가? 이럴 줄 알고서 로마에 왔으니

불합리하다고 생각되어도 로마법을 따르는 수밖에.

때가 때인지라 창밖에선 수시로 앰뷸런스 소리가 들렸다. 하루에도 몇 번씩 들리는 앰뷸런스 소리는 긴장감을 갖게 하기 충분했다.

방을 청소한 뒤 침대 시트와 베개 커버 교체 역시 투숙객, 아니 입소자 스스로 해야 한다.

한 가지 작은 융통성은 전화로 리셉션 직원에게 품목을 이야기하면 50바트를 추가로 받고 배달이 가능했다. 이를테면 세븐일레븐에서 파는 음료나 간식, 아이스크림, 주스, 과일 같은 것을 이야기하면 수수료 50바트를 추가로 받고 물품을 배달해 주는 것이었다. 2주간 격리되어 그저 그런 맛의 도시락을 먹는 입소자들에게 이는 상당히 다행스러운 마련이었다.

드디어 2주 후 최종 PCR 검사가 있던 날. 아침에 PCR을 받으면 병원에서 검체를 가지고 가서 검사 후 정오 무렵 전화를 통해 결과를 알려 주는데, 최종 음성을 받아야 체크아웃이 가능하다. 뭐 아무도 접촉을 한 적이 없으니 당연한 음성이지만, 최종 음성을 받은 필자는 병원에서 발급한 최종 음성 판정서가 무슨 수료증이라도 되는 듯 소중히 접어 넣고서야 드디어 격리 호텔을 빠져나와 버스와 BTS를 마음껏 탈 수 있게 되었다.

05 코비드의 추억 77

그럼에도 아직 도시마다의 검역 통제는 해제되지 않아 방콕보다 더 코비드 레벨이 심한 레드존 지역으로 들어가기는 쉽지 않았고 이동이 완전히 자유롭지는 않았지만 뭐 어떤가? 그냥 방콕에서 태국 음식을 먹고 태국 사람들을 보며 생활하는 것만으로 충분히 들어온 보람이 있다고 생각했다.

하지만 필자의 그런 기대는 곧 물거품이 되고 만다. 공교롭게도 최종 음성 후 얼마 지나지 않아 태국 정부에 의해 방콕 전역에 '락다운'이 선언되고 만 것. 슈퍼마켓을 제외한 모든 쇼핑센터의 폐쇄와 함께 레스토랑과 카페는 내부에 손님을 받을 수 없고 음식을 포장해서만 팔 수 있다는 것이 골자였다. 그러잖아도 15일간 도시락만 먹다가 이제 사람답게 먹나 싶었는데, 또다시 포장 음식을 먹어야 한다니 난감했다.

그렇게 다시 며칠간 포장 음식을 먹으니 아주 간절하게 스테인레스 포크와 수저로 식기에 담긴 밥이 먹고 싶어졌다. 그래서 생각한 것이 호텔 룸서비스. 호텔 룸서비스는 제대로 된 식기에 스테인레스 수저와 포크가 제공되니 돈은 들었지만 밥다운 밥을 먹는 느낌이 들어 매우 좋았다.

당시 필자는 태국 여행 중에 코비드에 걸리지 않고자 합리적인 선에서 여러 노력을 기울였는데 그 가운데 몇 가지를 소개하자면 다음과 같다. 매일 KF-94 마스크를 끼고, 뭐만 만졌다 하면 손 소독제로 닦고, 매일 알코올로 휴대폰을 닦는 것쯤은 너무 당연하니까 빼고.

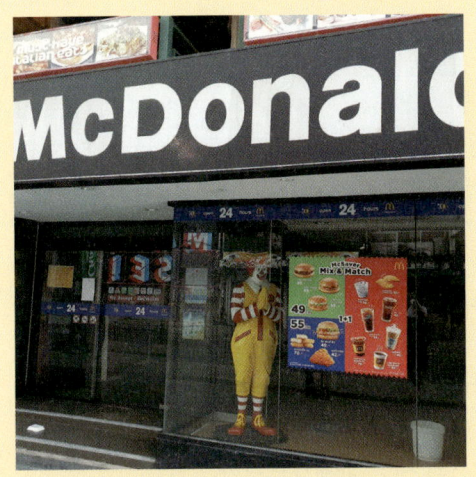

외국인 관광객이 없어 잠정 휴점 중인 맥도날드 '카오산 로드점'. 아무도 없는 점포 안에서 간간이 지나가는 사람들을 향해 태국식 인사 '와이'를 건네며 쓸쓸히 서 있는 로널드 맥도날드 씨가 처량하게 느껴진다. 2021년 7월 2일 촬영.

손님이라곤 거의 찾아볼 수 없었던 2021년 7월 3일의 방콕 터미널 21 내부의 모습. 그나마 이렇게 약간의 손님이 있었던 것도 잠시, 태국의 1일 확진자 수가 1만 명에 육박함에 따라 태국 정부는 7월 12일 월요일을 기점으로 슈퍼마켓을 제외한 쇼핑센터 및 식당 영업을 제한하는 '락다운'에 돌입한다.

(1) 여간해선 택시 타지 않기

솔직히 누가 탔다가 내렸는지를 알 수 없기에 택시를 탈 수가 없었다. 짐 때문에, 그리고 접근성의 이유로 딱 두 번 택시를 타야 했는데, 그때는 기사님께 양해를 구하고 창문을 열고 이동했다. 일반적으로 태국의 택시 기사님들은 차 안이 더워지고 밖에서 매연이나 여러 냄새가 들어오니까 임의로 창문을 여는 것을 매우 싫어한다.

(2) 창문이 열려 있는 구식 버스 타기

많은 태국 버스 노선은 아예 구식 버스이거나 구식 버스와 에어컨 버스와의 혼용 노선이다. 좀 더 기다리는 한이 있어도 온 창문이 열려 있어 자동 환기가 되는 구형 버스를 타면 마음이 편했다. 더운 게 문제가 아니라 코비드에 안 걸리는 게 그 당시의 지상 과제였으니까.

(3) 카모마일 성분의 인후 스프레이 뿌리기

카모마일 인후 스프레이를 아시는 분은 아시리라. 태국 약국에 가면 카모마일이 주성분인 인후 스프레이가 있다. 코비드 시국에 이게 코비드에 효과가 있다고 해서 일부 지역에서 일시적으로 품귀 현상을 빚기도 했다. 자연 유래 성분이라 먹어도 되는 이 스프레이는 목이 칼칼하고 이상할 때 뿌려 주면 효과를 잘 모르겠는 프로폴리스와는 달리 분명한 효과를 느낄 수 있다. 참고로 인후가 약한 필자는 코비드 시국 3년간을 비롯해, 그 이후에도 해마다 최소 열 번 이상 이 스프레이로 말미암아 목감기가 시작할 듯 말 듯 하는 상황에서 느낌이 해소되는 효과를 누려 오고 있다. 귀국할 때 마땅히 선물할 것을 찾지 못했다면 이 스프레이를 사서 선물해 보셔도 좋다. 아이들에게 뿌려 줘도 되는 안전한 제품이다.

카모마일 성분의 인후 스프레이들. 위는 Boots에서 파는 제품, 아래는 MEDA에서 나온 '카밀로산 M' 제품인데 필자에게는 아래 제품이 더 좋게 느껴졌다. 목이 막 아프기 시작할 때 뿌리면 독하기만 했지 효과를 모르겠는 프로폴리스와는 달리 이 제품은 효과가 확실하다. 부피가 작아 선물용으로도 좋다.

코비드 때는 사진처럼 야외에 테이블이 놓인 카페와 식당을 이용할 때 가장 마음이 편했다. 당시엔 덥고 모기가 무는 것쯤은 그다지 중요한 게 아니었다. 심지어 맛이 좀 없어도 큰 상관이 없었다.

이와 같은 노력으로 말미암아 필자는 당시 태국에서 한 달 넘게 체류하고 귀국하였음에도 코비드에 걸리지 않을 수 있었다. 귀국할 때도 72시간 내에 최종 PCR 검사를 받고 그 결과지를 제출해야 했으며, 귀국하자마자 한국의 주소지 관할 보건소로 달려가 PCR 검사를 추가로 받고 양성이면 격리 시설로, 음성일 경우는 또다시 자택에서 2주간 추가 격리를 해야 했던 것도 그때는 말할 수 없이 불편한 과정이었지만, 코비드가 종식된 지금 생각해 보면 아련하기까지 하다.

이 글을 쓰느라고 당시 찍었던 사진들을 보자니 여러 감정이 교차한다. 모쪼록 다시는 이런 불편 없이 지구촌 여행객 모두가 건강하고 행복하게 여행을 즐기게 되기를 희망한다.

방콕으로 가는 대한항공 KE 651편에서 제공되었던 일반석 기내식. 감염 방지를 위해 밀봉된 음식들로 제공되었다. 2021년 6월 17일 촬영.

아직 코비드가 위세를 떨치던 2021년 수완나품 국제공항의 모습. 세계적인 환승 공항이라는 수식어가 무색할 정도로 이용자가 거의 없이 매우 한산했다.

태국에서 '야크샤'라고 불리는 일종의 수호신상. 수완나품 국제공항을 지키는 야크샤도 코비드 시절엔 어쩔 수 없이 마스크를 하고 몸을 사리고 있었다.

06
손님, 지금은 팔지 않습니다

여행자의 눈으로 볼 때 태국은 상당히 관용적인 나라다. 다른 문화에 대해서 그러하고 종교에 대해서도 그렇고 음식, 피부색 모두 마찬가지다. 국민의 절대다수가 불교를 믿고 있다 하여 다른 종교에 대해 배타적이지도 않고, 그들이 나타내는 독특한 관습이나 의복에 대해서도 관대하다. 밤늦게 야시장을 가 보자. 대도시나 주요 관광지가 아닌, 이싼 지역의 '나콘랏차시마'나 '우돈타니' 같

야시장에서 '개존맛 해물 부침개'를 파는 태국 상인. 말만 부침개지 모양은 타코야끼와 비슷하고 맛은 태국의 해물 부침인 '어쑤언'이나 '호이낭롬텃끄럽'과 비슷하다. 태국의 여러 도시에 있는 야시장에서는 이와 같이 국적과 맛과 모양이 불분명한 많은 퓨전 스트리트 푸드가 존재한다.

은 곳만 가 봐도 시장 전체가 거의 전 세계 음식의 집합소 같은 느낌이다. 물론 재래시장이다 보니 맛은 정통의 맛보다는 퓨전에 가깝지만, 어쨌든 다른 문화와 관습을 받아들이고 허용하는 데 너그럽다.

'로띠'를 만들어 팔고 있는 부부. 로띠는 손으로 반죽을 주물주물 하다가 판에 탁탁탁 던져서 크게 펴야 되는데 1인 가게에서는 99%, 돈 받은 손으로 반죽을 펴기 때문에 깔끔쟁이 독자님이 계시다면 가게 주인이 어떻게 돈을 받고 로띠를 만드는지 지켜본 뒤 주문하시거나 돈 받는 사람과 만드는 사람이 분리되어 있는 2인 가게에서만 주문하시기 바란다.

피부색과 인종에 대해서도 마찬가지다. 말레이계, 베트남계, 중국계, 인도계가 어우러져 살아가며 피부색이나 민족에 대한 차별로 말미암은 테러나 증오 범죄가 거의 일어나지 않는다. 그러한 사회적 관대함이 어쩌면 전 세계 여행자들에게 태국을 보다 편안한 나라로 받아들이게 하는지 모르겠다.

후아힌 시카다 나이트 마켓에서 판매 중인 그림들. 시장에서 판매되는 그림이라고 믿기지 않을 만큼 색감이나 조화가 뛰어나다.

대형 장미꽃을 튀겨 놓은 것처럼 보이는 족발 튀김 '카무텃'. 함께 주는 저 뒤 소스에 찍어 먹거나 솜땀과 함께 먹어도 맛있고 맥주까지 함께 하면 금상첨화.

과거 딸랏롯파이2 야시장의 모습. 방콕을 비롯한 태국의 중소도시에는 대부분 야시장이 있어 전 세계 여행자들에게 즐거움을 더하는 명소가 되어 준다.

야시장에서는 다양한 음식들이 판매되는데, 사진처럼 악어 바비큐나 참새 양념구이, 개구리 튀김 등 한국에서는 쉽게 접할 수 없는 여러 음식들과도 만날 수 있다.

치앙마이 야시장에서 애완견용 모자와 스카프 등을 파는 노점. 용도를 설명하기 위해 특별히 고용(?)한 두 마리의 푸들이 장시간 노동에 지쳤는지 곤히 잠든 모습이 귀여우면서도 애처롭다.

돼지에게 우유 먹이기 체험 부스. 20바트를 내면 우유 한 병을 주는데 새끼 돼지에게 먹여 볼 수 있다. 특별한 체험이지만 체험 완료 후 5바트 정도는 주인이 손님에게 수고비로 되려 줘야 하지 않을까? 깐짜나부리 야시장에서 2023년 12월 촬영.

나콘라차시마(코랏)의 한 시장에 걸려 있는 여러 나라의 깃발들. 좌측의 튀르키예 국기부터 미국과 북한의 국기, 맨 우측엔 태극기도 펄럭이고 있다.

태국의 시장처럼 다양한 물건을 파는 곳이 또 있을까? 어느 정도 규모의 시장에서는 사진처럼 기타도 판매한다.

태국 북동부 농카이 시장 입구에 있는 '모든 것 다 20바트에 팝니다' 상점. 간판만 저렇지 20바트에 거래되는 물건에서부터 수백 바트를 내야 살 수 있는 물건들까지 다양하게 비치되어 있다. 그래도 코비드 이전엔 태국의 다이소를 비롯하여 중소 도시 시장에 있는 20바트 상점마다 20바트로 살 만한 물건이 꽤 많았는데, 코비드 이후 전반적으로 가격이 올라 20바트를 주고 살 만한 물건의 수가 많이 줄어들고 말았다.

누가 녹색 꽃은 없다고 했던가? 태국 북부 '프레Phrae'의 한 시장에서 만들어 판매 중인 녹색 꽃. '바이떠이 잎Pandan Leaf'을 이용하여 만든 꽃으로 은은하고 좋은 향이 난다. 다양한 민족과 문화가 어우러지는 태국의 시장에선 음식은 물론, 파는 물건도 참 다양하다.

그러한 문화적 관대함에 더하여 태국을 사랑하는 여행자라면 모두가 동의하는, 태국을 보다 매력적으로 느끼게 하는 한 가지 중요한 요소는 태국 음식이다. 한식도 맛있지만 태국 음식, 정말 너무 맛있다. 한국 분들이 태국에 오게 되면 대부분 한 번쯤 먹게 되는 카오팟, 팟타이, 똠얌꿍, 쏨땀, 팟크라파오 무쌉, 팟시유, 꾸에이띠여우, 카오소이, 얌운센, 깽쏨처럼 대중화된 많은 음식들, 비싸거나 흔히 접할 수 없는 고급 재료로 만들어진 것이 아닌, 누구나 쉽게 사고, 먹고, 마실 수 있는 많은 태국 음식들은 세계 미식가들의 관심과 사랑을 꾸준히 받아 왔다.

재래시장이지만 환경이 상대적으로 깨끗하고 파는 물건의 질이 좋아 장을 보러 나온 태국의 연예인들도 심심찮게 만날 수 있는 방콕 '어떠꺼 시장'의 해산물 상인. 국토의 상당 부분이 바다와 접해 있다 보니 해산물을 포함한 여러 음식 재료가 대단히 신선하다.

음식의 맛을 결정함에 있어 아주 중요한 요소 중 하나는 신선한 식재료다. 한국처럼 삼면이 바다에 접하고 강과 호수가 많다 보니 여기서 잡히는 신선한 물고기와 해산물의 맛이 또한 일품이다. 잡아서 대충 비늘 떼고 '팟팟팟' 볶거나 '텃텃텃' 튀겨 내면 어디서도 먹어 보지 못한 훌륭한 맛의 해산물 요리가 완성된다.

이렇게 맛있는 음식이 지천이다 보니 음식에 술 한잔 곁들이고 싶은 생각을 하게 되기 쉬운데 어느 순간 적잖은 불편을 느끼게 되는 제한이 있으니 바로 술을 팔지 않는 시간이 있다는 점이다.

더운 태국의 한낮에 남캥, 즉 얼음을 띄워 마시는 비어 창(창 맥주)과 비어 싱하(싱하 맥주)는 정말 맛있다. 얼음이 녹아 더욱 마일드해진 태국 맥주를 벌컥벌컥 마시고 싶어 세븐일레븐이나 마트에 갔는데 냉장고에 표지판이 붙어 있거나 심지어 쇠사슬이 감겨 있다면? 그렇다. 주류 판매 제한 시간에 찾아간 것이다.

맥주 한 병 사고 싶어서 마트에 갔는데 냉장고에 쇠사슬이 채워져 있거나 사진처럼 주류 구입이 가능한 시간이 안내되어 있는 표지판이 붙어 있다면? 바로 주류 판매 금지 시간에 찾아간 것. 술을 살 수 있는 시간은 오전 11시부터 오후 2시, 오후 5시부터 자정 사이이므로 오후 2시에서 5시 사이에는 마트에서 술을 살 수가 없다.

2024년 12월 기준, 태국 마트나 편의점에서 맥주나 술을 파는 시간은 오전 11시부터 오후 2시 사이, 다시 오후 5시부터 자정까지다. 한마디로 오후 2시부터 5시까지는 술 구입이 불가능한 셈. 이 시간엔 대부분의 마트들이 주류 코너를 블라인드로 가려 놓거나 사슬로 묶어 놓거나 술을 팔지 않는다는 안내판을 붙여 놓곤 한다.

혹 그런 것이 없어서 맥주를 무사히 계산대에 갖다 놓는 데 성공했다 하더라도 해당 시간이 되면 캐셔가 계산을 해 주지 않는다. 필자는 오후 1시 55분쯤 맥주 한 캔을 계산대에 올려놨는데, 계산을 기다리는 사람이 밀려 오후 2시가 조금 넘었더니 시간이 넘었다는 이유로 계산을 거부해 맥주를 사지 못한 적도 있다.

자 그럼 왜 이 시간에 술을 팔지 않는 걸까? 태국 사람들에게 물어보면 그 시간은 일하는 시간이기 때문에 술을 팔게 되면 여러 문제가 생기므로 안 된다는 거다. 그럼 전날 술을 사서 보관했다가 오후에 마시는 건 어떤가? 술 때문에 빚어지는 여러 부작용이 문제라면 그 시간에 음주를 단속할 일이지 술 판매를 막을 일은 아닌 것 같은데, 굳이 왜 이런 제한이 있는지 이해가 가지 않는다. 특히 노는 것 외에 별다른 일을 하지 않는 여행자의 입장에서는 더더욱 이해가 가지 않는 제한이다.

더 재밌는 건 그 시간에 어디에서도 술을 살 수 없는 것은 아니라는 점이다. 대도시가 아닌 지방 도시에서 개인이 하는 소매점이나 식당 같은 곳에서는 주류 판매 제한 시간에도 술을 살 수 있다. 물론 아주 드물게 팔지 않는 곳도 있지만, 대부분 큰 문제 없이 구입 가능하다. 한마디로 마음만 먹으면 내국인이든 외국인이든 하루 24시간 언제든지 술을 마시고 취할 수 있는 방법이 있는 것이다.

주류 판매 코너가 주류 판매 금지 시간임을 알리고 잠시 문을 닫은 모습.

또 다른 주류 판매 코너의 모습. 다른 코너가 영업 중인 것과는 달리 출입을 막아 놓고 휴식 중에 있다.

다행스럽게도 2024년 상반기부터 주류 판매 제한 시간을 철폐하려는 움직임이 일고 있다. 어쩌면 이 책이 발간되고 나면 태국에서도 24시간 술을 구입할 수 있게 될지도 모르겠다. 그렇게 되면 좋겠지만 만일 여전히 특정 시간에 주류 판매가 제한된다면, 태국의 공무원이나 관계자분들께 이 말씀을 꼭 드리고 싶다. 주류 판매를 처음 제한했던 시기에 술 때문에 태국에서 어떤 문제가 있었는지 모르지만, 많은 세월이 흐른 지금, 특정 시간에 주류 판매를 제한하는 것이 사회적으로 별 실익이 없다면 제한을 풀고 24시간, 술 판매를 과감하게 허용했으면 좋겠다고 말이다. 파는 술이 문제가 아니고 마시는 사람이 문제라는 것, 그걸 잊지 마시길!

07
타일랜드 이스 낫 데인저러스

　필자가 초등학교에 입학하는 해 설날, 필자의 아버지는 당신의 은사님께 어린 필자와 필자의 누이를 데리고 설 인사를 드리러 가셨다. 아버지의 은사님은 어린 우리 남매가 보기에 정말 멋진, 당시 용산역 한복판에 있는 '성제국 한의원' 원장님이셨는데, 세배를 마친 우리를 보며 껄껄껄 웃으시더니 '가만있자 우리 손주들한테 할아버지가 얼마를 줘야 하나?' 하시며 금빛 보료를 들추어 작은 함을 여시더니 사용하지 않은 돈, 이른바 '빠다라시' 만 원짜리를 무려 2장씩 필자와 필자의 누이의 손에 각각 쥐여 주셨다.

　그 당시 세뱃돈으로 건당(?) 천 원을 받아도 전혀 서운함이 없던 시절이었는데 무려 20배나 되는 거액을 한 방에 받게 되니 이렇게 큰돈을 받아도 되나 싶어 당황하며 아버지를 쳐다보았던 기억이 새롭다.

　지금도 초등학교 1학년이 되는 꼬마에게 세뱃돈으로 2만 원을 쥐여 주면 그 아이가 적어도 삐지지는 않을 수준임을 고려한다면 수십 년 전, 여덟 살 꼬마에게 2만 원은 정말 큰돈이 아닐 수 없었다.

물론 그 이후에도, 그리고 그전에도 필자는 많은 어른들께 셀 수 없이 여러 번 세배를 드렸겠지만, 처음으로 충격적인 최고액을 주셨던 '성제국 할아버지' 외에는 어느 분이 얼마를 주셨는지 전혀 기억나지 않는다.

사람에게 있어 처음 겪게 되는 강렬하거나 독특한 경험은 오랫동안 기억된다. 나아가 대부분 처음의 기억으로 그 사람, 그 지역에 대한 이미지가 생겨나고 이러한 이미지 역시 여간해서는 잘 바뀌지 않는다.

필자의 태국에 대한 첫 경험은 어땠을까? 이렇게 책을 쓸 정도이니 필자의 첫 태국 여행은 행복감 그 자체였을 거라고? No, No! 불행하게도 태국이란 나라에 대한 필자의 첫 경험은 끔찍하리만치 전혀 좋지 않았다.

그처럼 태국에 대한 첫 이미지를 망친 건 뜻하지 않았던 사건 때문인데, 그 이야기를 하기 위해 태국에 첫발을 내디딘 2001년 겨울 이야기를 해 볼까 한다.

필자의 첫 태국 여행은 친구와 함께 방콕을 찾으면서부터 시작되었다.

방콕에서의 둘째 날인가 셋째 날이었는데, 왕궁을 갔다가 싸얌 파라곤을 가기 위해 택시를 잡고 있으려니 한 친절한 태국 아주머니가 다가와 이것저것을 묻기 시작했다.

'어느 나라에서 왔냐? 왕궁 구경했냐? 이제 어디로 가는 길이냐? 와 보니 태국은 어떠냐?' 등등.

쭉 대답을 했더니 싸얌 파라곤은 그다지 멀지도 않고 지금은 택시도 잘 안 잡히고 교통체증으로 요금이 많이 나오니 툭툭이를 타고 가라며 인근에 세워진 툭툭이 기사에게 열심히 흥정을 하더니 싸얌 파라곤에 도착하면 툭툭이 기사에게 50바트만 주란다. 감사하다는 인사를 하고 툭툭이에 올랐는데, 툭툭이 기사가 또 열심히 물어보기 시작한다.

툭툭이를 타고 이동 중인 신랑과 신부. 툭툭이는 특색 있는 교통수단이긴 하지만, 자동차와 충돌을 할 경우 피해가 클 수 있어 안전한 교통수단은 되지 못한다.

'어느 나라에서 왔냐? 왕궁 구경했냐? 왕궁은 어땠냐? 싸얌 파라곤은 왜 가냐? 태국 음식은 뭐가 맛있었냐?' 등등….

알아듣기 힘든 태국식 영어를 애써 듣고 떠듬떠듬 대답하며 서로의 서먹한 느낌이 사라지려고 하는 순간, 갑자기 툭툭이 기사가 툭툭이를 노변으로 세우더니 주머니에서 조그만 카드를 하나 꺼내 우리에게 보여 주며 이야기를 건넨다.

"가는 길에 저 앞에 쇼핑센터가 있는데, 너희들이 들어갔다가 나오기만 하면 내가 휘발유를 무료로 받을 수 있으니, 잠깐 들어갔다 나와 줄 수 있을까?"

ESSO.

하얀 바탕에 남색 '에쏘오일' 마크가 찍힌 코팅된 카드를 보여 주며, 툭툭이 운전으로 검어진 피부 때문에 유난히 하얗게 보이는 치아를 훤히 드러내며 웃고 있는 툭툭이 기사. 지금 같으면 '50바트 더 줄 테니 그냥 목적지로 빨리 가자'고 웃으며 말했겠지만, 첫 해외여행이었던 당시의 필자로선 다소 두렵게 느껴지는 상황이었기에, 필자는 조심스럽게 거부를 했다. 필자의 표정이 몇 번 더 푸시하면 들어줄 것처럼 생각이 되었는지 툭툭이 기사는 몇 번 더, 같은 부탁을 하더니 단념하고는 웃음기가 사라진 다소 날카로운 얼굴로 툭툭이 시동을 걸고 운전을 하기 시작했다.

'휴, 다행이다.'

출발한 툭툭이에 마음을 놓으려는데, 주행 중 반대 방향에 기사가 말했던 쇼핑센터가 눈에 들어오자 유턴을 해서 한 번 더 제안을 해 보고 싶었는지 툭툭이 기사는 4차선에서 1차선으로 급하게 차선을 변경하게 되었고, 마침 후방 1차선에서 비교적 빠른 속도로 달려오던 오토바이는 우리가 타고 있는 툭툭이의 급한 차선 변경을 피하지 못하고 툭툭이의 한쪽 면에 그만 추돌을 하고 말았다.

'쾅!'

그 충격으로 뒤에서 들이받은 오토바이에 타고 있던 남자 둘은 모두 바닥에 나뒹굴고, 그 오토바이와 추돌하는 순간 툭툭이의 한쪽 바퀴가 뜨면서 필자와 필자의 친구는 거의 툭툭이에서 떨어질 뻔한 상황이 되었다. 본능적으로 필자가 바퀴가 뜬 반대 방향으로 최대한 몸을 기울인 까닭에 무게 중심이 복원되었고 가까스로 떨어지지 않을 수 있었다.

그런데 더 큰 문제는 그때부터 시작되었다. 사고로 이성을 잃고 전속력으로 뺑소니를 치기 시작하는 툭툭이 기사 때문에 필자와 친구는 2차 사고에 대한 더 큰 공포로 떨어야만 했다.

"세워! 스탑! 세우라고!"

뒤에서 둘이 소리를 고래고래 질러 댔지만 아랑곳하지 않고 전속력으로 계속 도망을 치는 툭툭이 기사. 툭툭이 뒤에 탄 외국인 손님 둘이 소리를 질러 대니 길거리에 있던 태국 사람들이 모두 쳐다보았지만, 도망을 쳐야겠다고 결심한 툭툭이 기사는 상황을 아랑곳하지 않고 도무지

나콘사완의 툭툭. 지방 도시마다 툭툭의 모습이 조금씩 다르다. 교통사고가 났던 첫 번째 태국 여행 이후 많은 시간이 흘렀고 이제 태국을 너무나 사랑하게 되었음에도, 호텔에서 가까운 거리에 내려주는 무료 셔틀로서의 툭툭을 두세 번 탔던 것 외에는 유료 툭툭이 만큼은 사고 이후 20년 넘게 단 한 번도 타 본 적이 없다. 일종의 PTSD?

알 수 없는 골목길과 큰길을 넘나들며 이성을 잃은 폭주를 일삼았다.

얼마나 갔을까? 소리를 하도 질러 목소리도 쉬어 갈 때쯤, 툭툭이 기사는 알 수 없는 으슥한 골목길에 필자와 필자의 친구를 내려놓고는 돈도 받지 않고 전속력으로 달려 눈앞에서 사라져 버리고 말았다.

'부아아아앙'

더 큰 사고 없이 두 다리로 땅을 디딜 수 있음에 감사하며 경황없는 중에도 보아 온 골목을 역순으로 더듬어 큰길을 향해 터덜터덜 걸어 내려오고 있노라니, 툭툭이에 태워져 소리를 지르며 지나갈 때 놀란 눈으로 쳐다보던 동네 태국 사람들이 필자와 필자의 친구를 바라보았다. 지금 생각해 보면 태국 사람들의 성정상 낯선 외국인 관광객들이 무사히 걸어 내려오기를 바라며 관심을 가지고 툭툭이가 사라진 방향을 계속 바라보고 있었는지도 모르겠다.

 그들의 눈빛은 분명히, 놀란 외국인 여행객인 우리에게 '너희들 툭툭이 타고서 무슨 일이 있었구나. 그런데 지금은 괜찮아?' 하고 따뜻하게 말을 걸고 있었을 테지만, 그래서 지금 같으면 무슨 일이 있었는지 대충 이야기하고 놀란 마음을 그들을 통해 다소나마 위로받을 수도 있었겠지만, 그땐 너무 놀라서 경황도 없었고, 쳐다보는 태국 사람들의 그 눈빛마저 마냥 싫고 무섭기만 했다.

 간신히 큰길로 나와 택시에 올라타니 우리의 표정에서 무슨 일이 있었다고 생각되었는지 택시 기사님이 무슨 일이 있었냐고 묻는다. 조금 마음의 안정을 찾은 우리는, 있었던 일을 택시 기사님께 대충 이야기하기 시작했다. '태국은 관광으로 유명한 나라라고 들었는데, 너무 실망이다. 우리는 태국이 처음인데, 태국은 너무 위험한 것 같다. 그리고 생각보다 무질서하다.'

 연세가 지긋하고 마음씨 좋게 생기신 택시 기사님은 아무 말 없이 필자와 필자 친구의 말을 다 들어 주었다. 그러고는 싸얌 파라곤 앞에 무사히 내려 주며, 돈을 지불하려는 필자에게 따뜻한 미소를 띠며 한 말이 지금도 잊히지 않는다.

"쏘리, 노 페이, 벗 타일랜드 이스 낫 데인저러스. (그렇게 돼서 미안해, 돈은 내지 않아도 돼, 하지만 태국은 위험하지 않아.)"

08
생각할 수 있는 시간을 주지 마세요

2017년쯤으로 기억한다. 우버가 처음 태국에서 서비스를 시작했을 때, 수많은 배낭 관광객들이 환호했다. 앱으로 호출하면 매칭이 되어 일반 차량이 마치 기사 딸린 자가용처럼 호텔 앞에 대기하고 있다가 탑승을 하면 굳이 행선지를 다시 말하지 않아도 그곳으로 바로 이동을 시작하는 전용 택시 서비스. 카드를 연결해 놓으면 귀찮게 1바트나 5바트짜리 동전을 거슬러 받지 않아도 되고, 심지어 특별한 상황이 아니면 방콕의 어마어마한 트래픽 잼에도 처음 콜을 할 때의 지정 요금 외 추가 요금을 거의 내지 않아도 됐으니 말이다.

차량 외부는 물론, 내부도 온통 분홍빛이었던 쑤랏타니에서 만난 그랩 택시. 하지만 그보다 더 기억에 남는 건 필자의 호텔에서 센트럴 쑤랏타니까지 가는 내내 한 손으로 운전하며 전화로 계속 남친과 싸웠다는 것.

그도 그럴 것이 당시 방콕에서 미터 택시를 잡고 타고 다니기란 꽤나 스트레스를 받는 일이었기 때문이다. 그랩과 볼트가 활성화되며 많이 개선되었지만, 지금으로부터 10여 년 전만 해도 방콕에서 순순히 미터기를 켜 주는 택시를 잡는다는 것이 그리 쉬운 일은 아니었다. 날은 덥고 빨리 택시를 타고 싶은데, 창문을 빼꼼 열고 행선지를 물어 오는 것은 꽤 짜증스럽고 여간 불편한 것이 아니었다. 시간상 흐름이 좋은 곳은 그나마 몇 대를 보낸 다음 미터 택시를 탈 수 있었지만, 오후 퇴근 시간이 다 되어 도심으로 들어가는 방향이라든지 늘 막히는 사톤이나 실롬 부근에서는 행선지에 따라 그만큼 퇴짜를 경험하는 일이 많았다.

그렇다고 인생에서 첫 툭툭이 택시를 탔다가 죽음의 문턱을 오간 바 있는 필자에게 '랍짱(오토바이 택시)'을 타거나 툭툭이를 타는 것은 전혀 초이스 가능한 선택지가 되지 못했다. 지금의 이 이야기는 태국에 우버나 그랩, 볼트 같은 차량 공유 서비스가 도입되기 한참 전, 게다가 지금처럼 BTS나 MRT의 노선이 다양하지 않았던 2010년 초반의 이야기이다.

그날은 우기의 어느 날이었다. 하루 전 마사지를 예약해 놓았기에 시간이 되기 전에 이동을 시작했는데, 갑자기 비가 너무 많이 와서 택시를 잡기가 너무 어려웠다. 빈 차 자체가 드문 데다 어쩌다 한 번 잡힌 택시는 필자의 행선지를 듣고는 300바트를 불렀다. 끽해야 150바트 언저리일 것 같은데 300바트라니 터무니가 없어도 너무 없었다.

하는 수 없이 예약한 업체에 전화를 하여 예약 시간을 한 시간쯤 뒤로 옮기는 수고를 한 끝에야 필자는 그나마 크게 바가지를 씌우지 않는 택시를 만나서 마사지 숍에 도착할 수 있었다. 어떤 사정이 있었든지 간에 갑자기 예약 시간을 변경하게 된 건 대단히 미안한 일이라 숍에 도착하자마자 예약 시간을 변경하게 되어 죄송하다고 인사를 건넸는데, 구릿빛 피부의 남자 사장님은 한국분이었다. 비도 오고 심지어 이런 날은 일방적인 노쇼도 많은데, 미리 시간을 변경하고 그 시간엔 맞춰 오셨으니 오히려 감사하다는, 유연하고 너그러운 반응이 비 오는 날 마음 급하게 도착한 사람을 굉장히 편안하게 해 주었다.

이야기를 하다 보니 마사지 숍 사장님이 태국으로 들어오기 전, 한국에서 거주하던 동네가 필자가 살고 있던 동네와 같다는 사실을 알게 되었다. 심지어 당시 필자가 거주하던 아파트 단지의 옆 단지에 살다가 태국으로 이주를 했다는 게 아닌가? 세상 참 좁다. 이야기를 더 나누다 보니 한 다리 건너로 서로 아는 지인도 존재했다.

사장: 그래 태국에 계시면서 뭔가 불편하거나 힘드신 점은 없어요?
필자: 딴 건 모르겠고 택시를 잡기가 너무 불편해요.
사장: 지금 택시를 어떻게 잡는데요?
필자: 택시가 서면 행선지 이야기해서 OK 하면 타고, 아니면 다음 택시를 기다리죠.
사장: 아니, 아니에요. 그렇게 잡으면 안 돼요.
필자: 그럼 어떻게 해야 돼요, 사장님?
사장: 여기 사람들한테 생각할 수 있는 시간을 주지 마세요.
필자: !

마사지 숍 사장님의 방법은 간단했다. 빈 택시가 오면 앞 창문을 통해 뭔가를 얘기하려고 하지 말고 바로 뒷문을 열어 그냥 탑승하라는 것이다. 그러고는 행선지를 얘기하면 십중팔구 아무 생각할 겨를이 없던 기사는 그 행선지를 향해 출발하게 된다는 것. 그럴 때 최후의 한마디로 '미터 온'이라고 한마디 해 주면 그 기사는 홀린 듯이 미터기를 켜고 행선지를 향해 가게 될 거란다.

효과는 확실했다. 택시에 대한 스트레스는 딱 그날까지였다. 그날 이후로 십수 년간 필자는 택시를 탈 때마다 그 사장님의 방식을 고수해 오고 있다. 물론 그 후에도 몇 번은 '내가 죽는 한이 있어도 미터기만은 켜지 않겠노라'는 굳은 신념을 가진 택시 기사를 만나 불가피하게 몇 번 내린 적은 있어도 그날 이후 태국에서 택시로 인해 큰 스트레스를 받은 경험은 없었다.

미터기를 켜고 운행 중인 흔한 방콕 택시의 내부. 우리가 보기엔 토요타 자동차나 혼다 자동차나 둘 다 비슷한 수준의 일본 자동차 메이커로 생각하지만, 태국 사람들, 특히 방콕 사람들은 토요타 자동차가 워낙 택시로 많이 활용되다 보니 자가용 차량을 구입할 때 너무 흔한 토요타보다는 차라리 혼다 자동차를 선택하는 경우가 많다.

물론 요새는 그랩이나 볼트로 행선지를 지정해서 호출하고 지불 금액이 합의된 상태에서 이동하는 것이 보편화되었지만, 그럼에도 불구하고 상황에 따라 호출이 잘되지 않으면 어쩔 수 없이 택시를 타야 하는 상황에 놓일 것이다. 만약 택시를 타야 한다면 꼭 이와 같은 방법을 취해 보시길. 누가 봐도 만만해 보이는 돈 많은 관광객처럼 차려입지 않은 한, 효과는 생각보다 좋을 것이다.

그들에게 생각할 수 있는 시간을 많이 주지 마시길.

09
빅 붓다데이, 그리고 그냥 붓다데이

소설가 김동리의 단편소설 가운데 「등신불」이라는 작품이 있다. 일제 강점기에 학도병으로 끌려가 중국 난징에 배속되었던 한 청년이 원혜대사라는 스님의 구제로 한 절에 들어가 구도를 하던 중 우연히 등신불을 보게 된다는 내용이다.

극 중 만적은 어머니의 죄를 탕감받고자 자신을 불살라 소신공양을 하기로 마음먹었는데, 몸에 불이 붙는 순간 비가 억수같이 내리기 시작하였음에도 불이 꺼지지 않고 몸이 타 그대로 입적하게 되었고, 소신공양이 끝나자 이 같은 기적에 감화된 사람들이 숯검댕이가 되어 버린 만적의 몸에 금을 입혀 등신불로 모시게 되었다는 내용이다.

사실상 많은 사람들이 불교가 국교가 아닐까 하고 오해하는 불교의 나라 태국에서 소신공양까지는 아닐지라도 입적 전후, 남다른 선행으로 사람들의 존경을 받는 고승들은 많다.

후아힌에 있는 '왓 후아이 몽콜'을 비롯해, 차를 타고 태국 각지를 여행하다 보면 가부좌를 튼 채로 일정한 방향을 응시하고 있는, 거짓말 좀 보태서 웬만한 저층 아파트 높이의 고승 동상을 정말 자주 만나게 된다.

태국의 이름난 고승들의 밀랍 모형. 태국을 여행하다 보면 족히 10m가 넘는 크기로 만들어진 고승의 대형 동상을 간혹 보게 된다.

어디 고승이나 등신불뿐이랴. 살아 있는 승려에 대한 신심은 어떠한가? 새벽녘 탁발을 위해 모여 있는 태국 사람들을 보고 있노라면 믿음과 구도를 위한 그 진지한 갈망과 노력에 숙연해지기까지 한다.

태국 국민들이 삶의 전반을 통해 불교와 사원을 위한 노력과 지원을 아끼지 않는 만큼, 태국에서 사원은 그 지역에서 많은 역할을 담당한다. 일단 탁발을 받은 물건의 상당수를 그 지역의 고아와 빈민아동을 위해 기부할 뿐만 아니라 교육 기관으로서의 역할을 수행하기도 하고, 마을 공동체를 위한 모임이나 강연이 필요할 때 문화 공간이 되어 줄 뿐만 아니라, 사람이 죽으면 장례식은 물론 아예 화장 기능을 갖춰 시신을 화장하는 화장장의 역할도 해 준다.

그뿐인가? 오랫동안 모은 돈으로 승용차나 오토바이를 구입하게 되면 비닐도 뜯지 않고 제일 먼저 들르는 곳이 바로 사원이다. 무사고를 위해 기도하고 승려가 승용차 룸미러 위 같은 곳에 한국 사람이 보기엔 아이가 낙서한 것처럼 보이는 부적을 그려 줘야 비로소 마음을 놓고 운전을 시작한다.

소원 성취를 빌며 사원 앞마당에 마련된 비닐백에 자신의 이름, 나이, 생년월일을 적은 종이를 지폐와 함께 꽂아 놓은 모습. 대부분이 20바트 지폐지만 간간이 50바트, 100바트 지폐도 볼 수 있다. 태국의 불교는 국교는 아니지만 여전히 사회적으로 갖는 무게감이 대단하다.

이처럼 태국 사람들에게 있어 사원은 정말 특별한 의미와 지위를 갖는다. 태국 사람들과 함께 지내다 보면 그들의 삶 속에서 불교라는 종교와 그에 대한 믿음이 얼마나 그들에게 큰 영향을 미치고 있는지를 직간접적으로 알 수 있다.

과거 '싸콘나콘Sakon Nakhon'에서 지낼 때의 일이다. 필자가 묵고 있던 집에 '미나'라는 — 어디서 배웠는지 한국말로 '아조씨'라고 부르며 필자를 따르던 — 귀여운 초등학교 1학년생 꼬마가 있었는데, 이 아이가 어느 날 학교도 가지 않고 집에서 놀고 있는 게 아닌가?

필자: (영어로) 미나야, 오늘 왜 학교 안 가니?
미나: (영어로) 아조씨, 오늘은 붓다데이라서 학교 안 가요.
필자: 와, 너 진짜 좋겠다.
미나: 히히히. (아무 생각 없이 강아지와 뛰어놂)

한마디로 부처님 오신 날이라서 학교 안 가고 놀고 있다는 거다.
모처럼 공휴일을 맞아 집에서 강아지랑 놀고 있는 모습이 귀여워서 마침 이런저런 살 거리들이 있어 세븐일레븐에 갈 때 아이스크림을 하나 사다 주었더니 뛸 듯이 좋아한다.

그러고는 그 집에서 얼마를 더 머물다가 인근 '나콘파놈$_{\text{Nakhon Phanom}}$'에 일이 있어 갔다가 돌아와서는 다시 그 집에 묵게 되었다. 반가워하는 미나. 며칠이 더 흘렀을까? 미나가 학교엘 가지 않고 또 집에서 놀고 있는 것이 아닌가? 아무리 생각해도 시점상 방학도 아닌데 학교를 가지 않는 게 이해가 가지 않아 다시 물었다.

필자: 미나, 방학했니?
미나: 아뇨, 아조씨. 아직 방학 아니에요.
필자: 어? 근데 왜 오늘 학교 안 갔어?
미나: 오늘 붓다데이라서 학교 안 갔어요.
필자: 어? 미나, 얼마 전에 붓다데이여서 학교 안 간다고 하지 않았니?
미나: 음, 그날은 '빅 붓다데이'였고 오늘은 '그냥 붓다데이'인데 절에 가야 돼서 학교 안 갔어요.
필자: !!!!!

수업은 끝났지만 학교 운동장에 마련된 대형 스탠드에 앉아 축구 경기를 구경하고 있는 태국의 학생들. 한국 학생들처럼 하교 후 곧장 학원으로 향하는 것이 아니라 나이에 맞게 아무 걱정 없이 뛰어노는 모습을 보고 있노라면 행복해 보이고 지극히 건강해 보인다.

그렇다. 태국의 붓다데이는 1년에 한 번이 아니다. 한국처럼 크게 기념하는 Bucha, 빅 붓다데이가 있고 사원의 차원에서 하는 크고 작은 행사인 그냥 붓다데이도 있다.

빅 붓다데이는 공휴일이지만 그냥 붓다데이도 때에 따라 어린 학생들이 부모와 함께 절에 가느라 학교를 가지 않는 경우도 있다. 그 외에도 왕의 탄신일 같은, 한국보다 훨씬 많은 공휴일들이 돌아온다. 더 놀라운 건 심지어 빅 붓다데이인 Bucha조차 태국은 1년에 한 번이 아니다. 붓다께서 태국을 한 번만 오신 게 아니라 태국이 워낙 좋다 보니 필자처럼 가셨다 오시기를 반복하신 모양일까? 그게 아니라 한국의 석가 탄신

09 빅 붓다데이, 그리고 그냥 붓다데이 113

일과 비슷하게 주로 5월에 Visakha Bucha Day를 지킴과 동시에 제자들에게 행한 설법 기념일 같은 날 등을 추가로 Bucha로 삼은지라 1년에 총 3번의 Bucha가 돌아온다. 이날들은 공휴일이라 학생들이 학교를 가지 않으며, 술집은 문을 닫고 마트에서 술을 팔지 않는다.

학교를 마치고 해변에서 놀고 있는 라용의 아이들. 사진을 찍으려니 자연스럽게 엄지척을 해 준다. 공부에 대한 과도한 스트레스 없이 한국보다 여유롭게 학업을 이어 나가지만, 그럼에도 열심히 영어 학원을 다닌 한국 학생들보다 필자의 경험상 태국 학생들이 일반적으로 실생활에서 영어를 더 잘 구사했다.

해마다 전 세계 대학 경쟁력 순위가 발표된다. 2024년에 발표된 2025년 세계 대학 순위를 살펴보면 서울대를 비롯, 카이스트와 연세대, 고려대 등 한국의 유명 대학들은 100위권 이내 구간에 랭크되어 있는 것을 확인할 수 있었다. 그리고 태국의 서울대라 불리는 줄라롱꼰 대학교와 또 다른 태국의 명문대 마히돌 대학교는 200위권, 300위권에서 확인할 수 있었다. 한국에 비해서 교육 수준이 한참 낮은 태국. 더

줄라롱꼰 대학교를 장식하고 있는 학교의 상징인 짬쭈리 나무Rain Tree. 시험 때면 길 건너 샴얀 인근의 카페에는 줄라롱꼰 대학교 교복을 입은 카공족들로 넘쳐난다.

구나 한국은 극성맞은 사교육이 아이가 대학을 갈 때까지 굴레처럼 씌워진다는 것을 고려한다면, 학생들의 삶의 질과 인생 전반의 만족도까지 고려할 때, 단편적인 지표이긴 하지만 두 나라의 교육 격차가 그렇게 크게 벌어진다고 생각되진 않는다.

태국의 여러 도시에서 학생들은 여유 있어 보인다. 특히 대부분의 어린 학생들은 아직도 한국의 옛날처럼 걱정 없이 뛰놀고 자연을 만끽하며 해맑다. 태국을 여행하며 간혹 어린 학생들과 이야기를 하고 있노라면, 때 묻지 않은 특유의 낙천적인 생각과 건강함이 느껴져 즐겁다. 그리고 상대적으로 어릴 때부터 경쟁과 스트레스에 찌들게 되는 한국 학생들이 가엾게 생각될 때가 있다.

물론 발전하는 한국의 위상은 이제 어느 나라를 가도 자랑스러울 만큼 대단하다. 하지만 이제 경쟁은 조금 내려놓고 국가적으로 국민들에게 여유와 휴식을 좀 더 권장했으면 좋겠다. 이제는 국민의 정신 건강도 적극적으로 돌볼 때라 생각한다.

의식 있는 한국의 학부모님들께 자녀를 데리고 '빠이'나 '난' 같은 태국의 시골에서 한 달 살기를 꼭 계획해 보시라고 권하고 싶다. 몸과 마음이 함께 자라나고 있는 우리의 아이들에게 인생의 좋은 가치관을 심어 주기에 충분한, 보람 있고 행복한 시간이 될 수 있으리라 확신한다.

10 이것은 약도인가? 보물 지도인가?

앞부분에 이미 서술한 바와 같이 필자는 코비드 시국에도 격리를 무릅쓰고 태국에 들어왔었다. 소개한 것처럼 코비드 시국에는 90일 무비자 정책이 잠시 중단되었기 때문에 입국을 위해서는 입국 전, 주한 태국 대사관을 통해 여러 가지 서류들을 제출하고 전자 출입 허가를 받고 들어와야 했다.

이 책 5장에 써 놓은 것처럼 2021년 중반까지는 지정 호텔에서 2주간 자가 격리가 필수였고, 2021년 하반기가 되자 상반기에 비해 전 세계 코비드 상황이 다소 안정됨에 따라 2주 격리가 폐지되고, 출국 전 72시간 내 RT-PCR 음성 확인서 등의 제출을 조건으로 입국하여 태국 당국에서 인정한 SHA 인증 숙소에서 딱 하루만 머물도록 완화되었다.

2021년 11월 21일에 촬영한 센트럴 월드 1층 H&M 매장 내부. 2021년 하반기는 2021년 상반기와는 달리 태국을 비롯해 전 세계의 코비드 상황이 많이 안정되어 쓰고 있는 마스크만 없다면 코비드 이전과 다름없어 보일 정도로 활기를 되찾게 되었다.

주차된 몇 대의 차량 외 단 한 명의 사람도 찾아볼 수 없는 파타야 워킹 스트리트 입구. 내국인만으로도 다소 활기를 찾아가는 방콕의 대형 쇼핑센터들과는 달리, 외국 관광객에 의존하는 파타야는 2021년 하반기에도 거의 살아나지 못하고 있었다. 코비드가 끝난 지금 같아선 정말이지 상상할 수 없는 모습이다. 2021년 11월 22일 촬영.

물론 그 인증 숙소에서 입국 PCR 검사를 받고 음성이 확인되어야 추가 조치 없이 밖으로 나갈 수 있는 번거로움은 남아 있었지만, 상반기의 2주 격리 시 호텔비 등으로 대략 200만 원가량의 추가 비용이 더 들었으므로 공항 픽업과 1일 체류, PCR 검사를 합쳐 40만 원가량만 추가되는 — 사실 그것도 비싸지만 — 이 새로운 마련은 불치병인 오라오라병을 앓고 있는 전 세계 태국 앓이 환자들에게 큰 희망과 정신적 위안을 가져다주었다.

입국이 더 힘들 때도 2주 격리를 무릅쓰고 들어왔었으니 완화된 조건은 그 자체로 태국 여행의 매력적인 동인이 되었다. 2021년 11월, 다시 태국에 입국하기로 결심하고 입국 전 주한 태국 대사관을 통해 확인해 보니 별다른 조치 없이 90일 체류가 가능하다고 하여 전자 출입 허가를 받아 수완나품 국제공항에 도착했는데, 이 책 1화에 써 놓은 '기차 승무원 사건'처럼 또다시 발생한 작은 해프닝은 불행히도 태국 공무원들에 대한 불신의 기억을 잠시 다시 살아나게 했다. 당시 수완나품 국제공항 출입국 관리소 직원과의 대화를 직접 옮겨 본다.

> 직원: (여권의 사증 면에서 수많은 태국 입출국 도장을 보더니 '얘는 왜 자꾸 오지?'하는 표정으로 필자를 바라보며) 왜 왔어요 캅? 비즈니스? 트래블?
> 필자: 트래블요.
> 직원: 어디 봅시다 캅, 서류들은 다 있고… 어? 귀국 편 비행기 일자가 왜 50일 후죠? 30일까지만 체류 가능합니다 캅.
> 필자: 어? 태국 대사관에서 기본 90일 체류 가능하댔는데? (내 이럴 줄 알고 태국 대사관에서 준 회신 메일을 영문으로 뽑아 왔지, 잽싸게 출입국 관리소 아저씨에게 인쇄된 종이를 디밀음)
> 직원: (쓱 보더니) 모르겠고 아무튼 체류 기간은 30일입니다 캅. 더 있으려면 '째와타나' 가서 연장하세요 캅. 그럼 이만. 꽝 (도장 찍는 소리)

코비드만 아니면 인근 캄보디아나 라오스로 나갔다가 다시 들어오는 '비자 런'을 시도해 볼 수도 있겠지만, 코비드로 인해 나라마다 자가 격리 의무가 있었기에 다른 나라로 들어가면 다시 격리를 해야 되니 30일간 체류 후 이민청에 가서 돈을 내고 체류를 연장하는 것 외에는 달리 방법이 없었다.

사실 한국에서 넘어올 때, 코비드로 전체 쇼핑센터가 락다운이 되었던 2021년 상반기처럼 태국의 상황이 좋지 않으면 한 달 남짓만 체류하고, 상황이 뒷받침되면 더 있을 요량으로 귀국 편 비행기를 마일리지를 이용한 편도로 끊었기에 일정에 따라 수수료 등을 내면 변경은 가능했다.

한데 들어와서 보니 걱정했던 것과는 달리 태국의 상황은 상반기에 비해 많이 안정되어 있었다. 물론 확진자는 많이 쏟아져 나오고 있었지만, 한국처럼 쇼핑센터도 전자 감지 시스템을 통한 체온 체크와 손 소독제를 손에 바르는 것 외에는 정상 운영되고 있었다. 또한 개인이 운영하는 크고 작은 식당들도 코비드 이전과 똑같이 손님을 맞이하고 있었다.

태국에서 한 달 정도 살아 본 여행자라면, 아니 어느 나라든 자신이 좋아하는 특정 지역에서 한 달 정도 체류해 본 여행자라면 누구나 공감하겠지만, 그런 상황에서는 시간이 정말 빨리 간다. 아침에 일어나서 간단히 커피에 브런치를 즐기고, 괜히 쇼핑센터 어슬렁거리다가 적당한 맛집에서 점심 먹고 커피 마시면 오후 4시. 숙소에 와서 샤워하고 조금 쉬다가 저녁 먹으러 야시장 같은 데 갔다 오면 밤 10시. 이런 빈둥빈둥 모드가 아닌,

중국 요리 전문점 Hong Bao가 근무자 모두에게 코비드-19 백신 접종을 완료했음을 알리는 광고판. 2021년 하반기는 상반기에 비해 여러 가지 면에서 다소 안정된 상황이었다.

아예 목적지를 잡아서 관광을 좀 할라치면 그건 더 쏜살같다. 렌트를 해서 방콕에서 크게 세 방향으로 뻗어 있는 이싼 방향, 푸켓 방향, 치앙

마이 방향으로 가다가 이런저런 도시들을 보고 방콕으로 돌아올라치면 열흘에서 보름은 훌쩍 가 버리기 일쑤다.

이렇게 쏜살같이 시간이 가 버리는 태국의 매직에 홀려 버린 필자는, 당연히 체류 기간 연장을 해야겠다고 결정하게 되었고, 체류 기한이 얼마 남지 않은 어느 날 아침, 택시를 타고 수완나품 국제공항 출입국 관리소 직원이 언급한, 한국으로 치면 '정부 종합청사'라고 할 수 있는 **'쨍와타나 거버먼트 콤플렉스'**로 향했다.

쨍와타나엔 한국의 정부세종청사가 연상되는 태국 정부 종합 청사가 있다. 택시에서 내려 한참을 걸어 들어가니 비로소 정부 청사 건물이 나타난다. 지나는 태국 사람들에게 물어물어 그 건물들 가운데 이민청이 어딘지를 찾아 건물 안으로 들어가니 진짜 엄청난 광장이 나타나 민원인을 맞이한다. 들어가 본 한국 사람은 누구나 공감하겠지만, 참 '쓸데없이' — 비난의 의도는 전혀 없음을 밝힌다. 다만 그 넓음에 많이 놀랐을 뿐이다. — 넓다.

한국의 정부세종청사는 공무원이 일하는 공간이 넓고 다른 부처로 이동하는 경로는 그다지 길지 않아 효율적으로 이동하고 업무를 볼 수 있게 디자인된 반면, 쨍와타나 콤플렉스는 중앙 로비가 진짜 필요 이상으로 넓다. 거짓말 좀 보태서 건물 입구에서 저 끝 부서 사무실까지가 멀어서 잘 안 보일 지경이다. 정말 넓다. 점심시간에 밥 먹으러 사무실에서 나왔다가 입구까지 오면 30분이 흘러 버려 점심 식사를 하지 못하고 다시 사무실로 돌아가야 할지도 모르겠다.

쨍와타나 정부 종합청사 메인 건물 안. 사진을 늘이거나 줄인 것이 아닌 찍은 그대로의 모습. 쓸데없이 넓다는 표현이 절묘하지 않은가? 정말이지 넓다.

여하튼 그 엄청난 광장에서 마주치는 여러 공무원들에게 물어물어 간신히 이민청 사무실을 찾아 왜 왔는지를 얘기했더니 번호표를 주며 밖에 나가 서식 하나를 쓰고 순번을 기다리란다. 추석 때 고향으로 내려가는 열차표라도 되는 듯, 번호표를 꼭 쥐고 사무실 밖 복도로 나가 서식 하나를 쓰고 기다리고 있노라니 복도 저 한쪽 끝에 의자가 한 백 개쯤 놓여 있고 수많은 외국인이 앉아 있다.

'아니, 코비드 시국에 나 말고도 저렇게 많은 외국인 관광객이 체류 연장을 하러 왔다고?'

선뜻 이해가 가지 않는 상황. 한 30분 앉아서 기다리고 있노라니 그 백 명쯤 되는 외국인들이 우르르 사무실로 들어가고 또 그만큼 되는 외국인들이 우르르 들어와 그 자리에 앉는다.

필자는 준비 안 된 개인 고객이라면 그들은 뭔가 잘 준비된 단체 손님 느낌? 대기 시스템도 이해 되지 않고 저 외국인들과 본인과의 차이에 대해 의문이 커진 필자는, 상황 파악을 위해 다시 이민청 사무실로 들어가 이번엔 여권을 보여 주며 오게 된 이유를 설명했다.

필자:　체류 기간 연장하려고 하는데 여기서 기다리는 게 맞나요?
공무원: (귀찮은 표정으로 필자의 번호표를 쓱 보더니) 나가서 기다리세요 카.
필자:　저 왼편에 있는 외국인들은 어디론가 계속 들어가던데 나는 언제까지 기다려야 돼요?
공무원: (계속 귀찮은 표정을 지으며) 나가서 기다리세요 카.

민원인도 별로 없었는데 필자가 물어보는 게 귀찮았는지 마스크를 끼고 있지만 여성 공무원의 눈빛에서는 분명한 귀찮음이 느껴진다. 지방 도시 이민청에서는 서류 하나 쓰고 사진 찍어 붙이고 잠깐 기다렸다가 돈 내고 여권에 도장 하나 꽝 받는 것으로 불과 십여 분 만에 체류 기간 연장을 한 적이 있었기에 절차가 너무 복잡하다고 생각한 필자는 여성 공무원의 귀차니즘에 굴하지 않고 여권을 펴서 보여 주며 재차 물었다.

"나 무비자 체류 기간 연장하러 온 건데 여기서 기다리는 게 맞아요?"

그제야 여성 공무원이 필자의 여권을 탁 채더니 사증 페이지를 후드득 넘겨 보며 쿨하게 말했다.

공무원: 음, 비자가 없네. 그럼 여기 아니고 '무엉통타니'로 가세요 카.
필자: $%$^#^%$#^%&^%&????

그랬다. 쨍와타나는 비자를 받아 태국에 거주하는 외국인이 정기적으로 와서 비자 갱신을 하는 곳이고, 무비자 입국을 했던 필자는 쨍와타나가 아닌 '무엉통타니'로 가서 체류 기간 연장을 해야 한다는 것이다. 아니 그럼 수완나품 국제공항 출입국 관리소에서 '쨍와타나'로 가서 체류 기간 연장하라고 했던 건 대체 뭐람?

상황이 기가 막혀 헛웃음을 웃고 있노라니 여성 공무원이 선심 쓰듯 A4지 절반만 한 약도를 건네준다. 그런데 그 공무원이 준 약도를 보고 필자는 정말 멘붕에 빠지고 말았다.

아라비안 나이트에 나오는 보물 동굴 약도도 만약 있다면 이렇게 어렵진 않을 거다. 나는 누구고 여기는 어디인가? 약도가 이해가 가지 않은 필자는 그 공무원에게 대체 여기는 어디고 어디로 가야 한다는 건지 잘 모르겠다고 했더니, 마스크를 낀 채 뭐라고 웅얼웅얼하긴 하는데 뭐라고 하는지 하나도 모르겠고, 눈빛은 귀찮음에서 어느덧 살기로 변해 싸한 음기를 쏟아 내고 있었다.

그녀에게 뭔가를 더 알아내기를 포기한 필자는 약도를 들고 다시 왔던 길을 되짚어 한참을 걸어 나왔다. 나오는 도중, 건물 입구에 서있는 젊고 꽤나 스마트해 보이는, 제복을 입은 남성 공무원이 있기에 다시금 약도를 보여 주며 길을 물었다.

불쌍한 필자: 이 약도가 이해가 안 가서요. 무엉통타니로 가려는데 어느 방향으로 가야 하는 걸까요?
제복 공무원: (태어나서 이런 약도는 처음 본다는 표정으로) 미안합니다 캅. 모르겠습니다 캅.

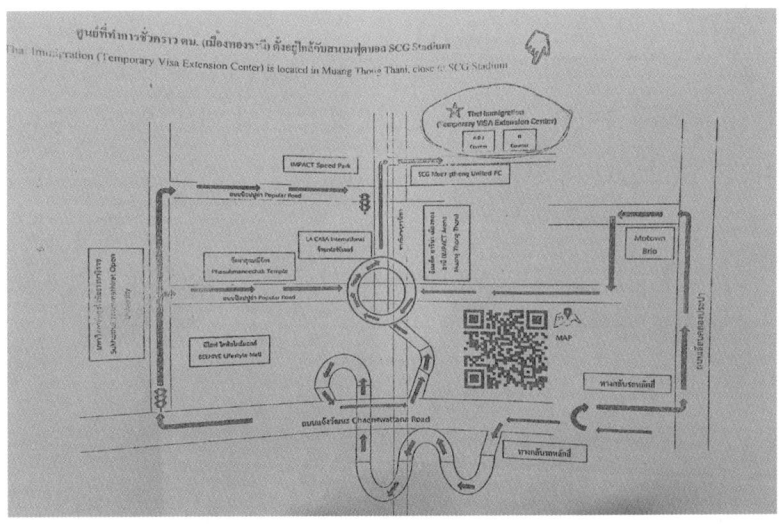

문제의 그 약도 사진. 저 윗부분 오른쪽의 손가락 모양으로 표시한 곳으로 가란 얘긴 거 같은데 일단 현 위치가 어디인지 명확하지가 않고 게다가 아주 어렵게 저 위 손가락 마크가 가리키는 곳에 내리면 사무실 건물이 아닌, 웬 야구장이 떡하니 사람을 맞이한다.

별수 있나? 태국인도, 그것도 태국 공무원도 모른다는데. 그래, 택시 기사, 택시 기사는 알겠지. 12월이었지만 이미 정오 무렵이 되어 땡볕이 된 건물 사이를 걸어 나온 필자는 어렵게 택시를 잡아탔다. 다행히 택시 기사님은 경험이 많아 보이는 60대 중반 정도 되어 보이는 분이었다. 약도를 제시하자 아예 길 한편에 택시를 잠깐 정차하고는 돋보기를 끼고 한참을 연구(?)한 끝에 운전을 시작한다. 그리고 내려 준 곳은 야구장 입구. 필자는 다시 거기서 마침 길을 지나는 경찰에게 물어본 끝에야 간신히 무엉통타니 이민청 사무소 건물을 찾을 수 있었다.

찾는 것이 어려웠지 체류 기간 연장 절차는 과거 지방 이민청에서 그랬던 것처럼 간단했다. 서류 하나 작성해서 1층 매점에서 급히 증명사진 하나 찍어 붙이고 수수료를 내고 도장 하나 꽝 찍는 것으로 허무하리만치 쉽게 끝나 버렸다.

세월이 흘렀고 코비드가 끝났다. 이젠 다시 무비자 90일 체류가 가능해진 데다가 특별히 좀 더 머물러야 한다면 인근 나라에 잠깐 발 도장을 찍고 오는 비자 런도 가능해졌기 때문에 단기 여행객이라면 쨍와타나도 무엉통타니도 크게 갈 일이 없어졌다. 2024년 상반기에 무엉통타니에서 모터쇼가 있어서 방문했었는데 운전을 하고 오다 보니 임시 체류 연장을 하러 왔던 때와 같은 길을 타게 되어 새삼 저 문제의 약도가 떠올랐다. 태국도 새로운 건물이 지어지고 점점 더 국제적인 나라로 발전해 나가는 만큼, 그에 맞게 약도나 사인물들도 외국인 관광객들도 알기 쉽도록 보다 세련되고 직관적으로 개선이 되면 좋겠다. 이해가 가지 않는 보물 지도나 사인물은 이제 없어지기를 기대한다.

11
절대 이분들을 화나게 해서는 안 돼

얼마나 오래되었는지는 잘 기억나지 않는다. 2010년대 초반쯤이었을까? '정글의 법칙'이라는 예능 프로가 큰 인기를 끈 적이 있었다. 다재다능한 개그맨 김병만 씨가 족장이 되어 세계 오지를 다니며 멋지게 생존하는 모습은 사람들의 관심을 사로잡기에 충분했다.

필자의 기억이 올바른지는 모르지만, 처음엔 그렇게 심각한 오지도 아니었고 그저 사나흘 잘 견디다 돌아오는 수준이었다면, 회차를 거듭할수록 점점 더 심각한, 심지어 적잖이 위험해 보이는 오지를 찾았고, 초기의 사나흘 잘 견디다 오는 수준이 아니라, 무에서 창조한 다양한 도구들을 사용하여 수렵, 채집하는 과정을 통해 생존에 필요한 여러 식재료들을 얻으며 다양한 요리도 만들어 먹는 등 오지를 '즐기다가' 돌아오는 족장의 모습은 시청자들의 도전 의식을 고취시키기 충분했다.

시청자들은 열광했고 상당한 시청률을 자랑하던 정글의 법칙이 되서리를 맞은 건 이후 한 오지 마을을 방문했을 때다. 오지의 부족이 너무나 호전적이므로 '절대 이분들을 놀라게 하면 안 돼'라고 일행에게 주의를 줬던 병만 족장의 멘트와는 달리, 그 오지 마을은 원하는 사람이면 누구나 방문이 가능한 여행 상품 코스라는 제보가 올라왔기 때문이다.

시청자들은 실망했고 그 이후로도 몇 가지 실망스러운 일이 겹치며 그 전과 같은 인기를 되찾지 못한 채 종영을 하고 말았다.

태국을 여행하다 보면 간혹 언성을 높여 가며 태국 사람들과 시시비비를 가리는 한국 사람들을 보게 될 때가 있다. 다행히 필자가 목격한 대부분의 다툼의 장소는 호텔이라든지 상점, 음식점 등 접객의 장소들이어서 거의 모든 경우에 태국 사람들이 한발 물러서거나 사과하면서 별 탈 없이 마무리되는 경우가 많았지만, 간혹 그렇게 마무리가 된 이후에도 우려가 될 정도로 태국이나 태국 사람을 심하게 비하하는 모욕적인 발언을 한국말로 쏟아 내는 경우를 몇 번 본 적이 있다.

그런데 알고는 있는가? 태국은 개인이 총기를 소지하고 있는 경우도 있다.

이 말을 하면 많은 한국 사람들이 '아니, 태국이 총기 소지가 가능한 나라였어?' 하며 깜짝 놀란다.

그렇다. 태국은 개인의 총기 소지가 가능하다. 허가를 받으면 총기를 소지할 수 있는데 약 천만 정가량의 총기가 등록되어 있다. 다만 태국 사람들이 온화해서 사고가 잘 안 날 뿐이다.

전 세계가 코비드-19로 초긴장을 하고 있던 2020년 초, 상관의 처우에 불만을 품은 한 군인이 무장을 한 채 나콘랏차시마에 있는 '터미널

21'에서 민간인들에게 총기를 난사해 약 30명가량의 사람들이 사망하는 사건이 있었다. 그 당시는 해외에 거주하던 한국 사람들이 잠시 체류를 멈추고, 보다 더 나은 보건 의료 환경을 찾아 한국으로 일시 귀국하거나 태국을 비롯한 여러 나라들이 문을 걸어 잠근 까닭에 한국 여행객이 쉽게 태국을 찾을 수 없어 다행히 한국인 피해는 발생하지 않았지만, 여러 차례 나콘랏차시마의 터미널 21을 방문해 본 적이 있는 필자로서는 적잖이 가슴을 쓸어내리지 않을 수 없었다.

총기 난사 및 인질극이 있었던 나콘랏차시마의 터미널 21 내부. 필자가 이 사진을 촬영한 것은 사건이 일어나고 몇 개월이 지나서였기에 내부는 깔끔하게 정리되어 여느 터미널 21과 다를 바가 없었다.

2022년에는 이싼 지역 껀깬 북쪽의 '넝부알람푸'에서 전직 경찰이 자기의 의붓아들이 다니던 어린이 보육 시설에 들어가 총기 난사를 하는 사건이 발생해 36명이 사망하는 초대형 사건이 일어났다. 필자는 그 당시 꼬싸무이에 머물고 있었는데, 상당 기간 TV만 틀면 넝부알람푸 소식을 전할 만큼 큰 사건이었다. 민심을 달래기 위해 태국 국왕이 직접 현장을 방문했을 뿐만 아니라 사건 당일 이불 속에 파묻혀 자느라고 범인의 눈에 띄지 않아 구사일생으로 목숨을 건진 유일한 생존자인 여자아이와 그 아이의 생존을 감사하는 아이 엄마의 인터뷰가 상당 기간 큰 이슈가 되기도 했다. 그리고 2023년에는 한국 사람들도 많이 가는 방콕 '싸얌 파라곤'에서 한 청소년이 권총을 발사해 희생자가 나오기도 했다.

태국 TV 뉴스는 과거 한국의 미디어가 그랬던 것처럼 사건을 여과 없이 전달하는 편이다. 피습을 받은 피해자의 모습을 그대로 노출하거나 정황을 적나라하게 전달하기도 한다. 하루를 마감하고 저녁 뉴스를 틀면 왕실 소식을 한참 전한 다음, 하루 동안 일어난 크고 작은

총기 난사로 여러 어린이가 숨진 넝부알람푸의 유아 보육 시설에서 사망한 희생자들을 수습하고 있는 장면. 태국은 약 천만 정가량의 총기가 등록되어 있는, 총기 소지 가능 국가로 허가를 받으면 총기 소지가 가능하다.
[사진 출처: EPA]

사건 사고를 보도하는데 여러 사건 사고에 가끔 총기가 사용된다.

인내의 한계를 넘어선 사건 사고의 잔혹성은 여느 다른 나라에서 일어난 잔혹한 사건 사고에 결코 뒤지지 않는다. 평소에 잘 참던 사람이 한 번 화가 나면 평소 소소하게 자신의 감정을 분출해 온 사람보다 더 무섭게 폭발하듯, 보편적으로 선하고 여유가 있는 태국 사람들이지만 극도로 화가 나면 물불을 가리지 않는다. 다른 나라의 총기 사건의 경우 사건 전개에 있어 협상에 설득되어 투항하는 경우도 있지만, 태국의 경우는 대개 극단을 향해 가는 편이다.

앞서 나콘랏차시마에서 인질극을 벌였던 범인은 끝내 사살되었고, 넝부알람푸의 난사범은 어린이집에서 사건을 벌인 후 집으로 돌아와 차량에 불을 지르고 아들과 아내까지 모두 죽인 뒤 자살로 생을 마감하였다.

태국이 총기 소지가 가능하다는 사실을 설명하려다 보니 일부 극단적인 사례들이 열거되었지만, 총기 사고는 태국에서 흔하게 일어나는 사건은 아니니 필요 이상의 염려는 하지 마셨으면 한다. 특히 별다른 인과 관계 없이 외국인을 대상으로 총기를 활용한 강력 범죄의 형태는 아직 일어나지 않고 있다.

한국 드라마를 비롯한 K-콘텐츠의 영향으로 한국 사람들에 대한 세계 시민들의 관심은 나날이 높아지고 있다. 다행히 대부분의 한국 여행객들 역시 해외여행이 대중화되면서 깔끔하고 좋은 매너로 태국을 비롯한 여러 나라에서 찬사를 받고 있다. 가능하다면 우리 모두 한국의 예능 프로그램이나 드라마에 나오는 주인공들처럼 수준 높은 태도와 아름다운 언행을 나타내며 여행을 해 나가면 좋겠다. 그렇게 한다면 자연히 현지인들과 다투는 일도 사라질 것이고, 우리의 여행은 더 윤택해지고 특별해질 것이다.

12
김포무앙공항, 서울람퐁역

불과 몇십 년 전만 해도 한국은 경제적으로 어려웠다. 물론 우리의 부모나 조부모 세대처럼 전쟁을 겪지는 않았지만, 모든 것이 풍족하지 않았다. 어릴 때 친구들과 주로 하는 놀이는 몸을 맞부딪치며 하는 놀이들, 그나마 어떤 도구를 활용하여 노는 놀이라곤 딱지치기나 지우개 따먹기 같은 것들이 전부였다. 지금은 종영되었지만 「무한도전」의 한 코너로 방영되었던 '명수는 12살'에 나오는 수건 돌리기나 「오징어 게임」 시즌 2에 나오는 비석치기, 공기놀이 등이 과거 한국의 어린이들이 흔하게 노는 모습이었다. 어릴 적 한번은 딱지를 모두 잃고 친구들과 새로 딱지를 접을 종이를 찾아다녔는데, 대략 두 시간 동안 온 동네를 돌아다녔음에도 딱지를 접을 만한 두꺼운 종이 한 장 찾지 못했던 기억이 선명하다. 그 당시 많이 했던 표현을 그대로 빌려 표현하자면 '물자가 부족했다'.

그러다 보니 많은 사람들이 한국을 떠나 한국보다 더 잘사는 나라로 이민을 가곤 했다. 필자는 고모나 삼촌 없이 큰아버지만 무려 네 분이 계셨는데 고등학교 선생님, 수도국 공무원, 작은 건설회사 사장 등 지금의 관점으로는 꽤 먹고살 만한 괜찮은 직업을 가지셨었음에도 한국을 떠나 남미와 미국으로 이민을 가셨다. 물론 브로커의 달콤한 설명과는 달리, 이민 초기엔 엄청난 고생이 뒤따랐지만 말이다.

필자와 필자의 가족도 함께 이민을 준비했었다. 어린 시절이지만 먼저 이민을 떠나는 큰아버지 가족들을 배웅하러 여러 번 나갔던 김포 공항의 모습이 선명하다. 당시엔 구경하기 쉽지 않았던 에스컬레이터가 신기해 여러 번 오르락내리락했던 기억과 함께 커피를 마시는 어른들 사이에서 작은 나무 스푼으로 먹었던 이른바 '떠먹는 아이스크림'의 달콤하고 농후했던 맛도 기억난다.

그 당시 살던 집까지는 팔렸는데, 아버지께서 구입해 놓으셨던 작은 야산이 쉽게 팔리지 않아 이민이 좌절된 까닭에 유일하게 필자의 가족만 한국에 남게 되었지만, 지금 생각해 보면 그때 이민을 가지 않은 것이 결과적으론 더 잘된 일이었다는 생각도 든다. 이제는 한국이 그 어느 나라보다 살기 좋은 나라가 되었으니 말이다.

이런 과거를 지닌 필자가 어린 시절의 추억을 자연스럽게 떠올리게 되는 공간이 태국에 있다. 그 첫 번째는 '돈무앙 국제공항'. 2000년대 초반만 해도 방콕의 관문이었던 돈무앙 국제공항은 지금은 수완나품 국제공항에 과거의 영화를 내주고, 마치 현재의 김포 공항이 그러하듯 특정 항공사의 국제 항공편이 뜨고 내리는 것으로 국제공항으로서의 명맥을 유지하고는 있지만, 그보다는 태국 각지로 향하는 국내선 항공편을 이용하는 승객이 더 많은, 국내선 승객 중심의 도심 공항이다.

수완나품에 비해 규모도 작고, 공항철도$_{ARL}$가 생긴 이후로는 수완나품 국제공항에 비해 상대적으로 방콕 도심에서의 이용 편의성이 더 떨어지게 되었지만, 렌터카를 빌려야 하는 상황에서 수령과 반납을 돈무앙 공항에 하는 조건으로 수완나품에서 빌릴 때보다 좋은 조건에 빌릴 수 있는 경우나 태국 국내선 항공편을 이용할 일이 있을 때 여전히 찾게 된다.

도착하자마자 기내에서 돈무앙 국제공항을 찍은 모습. 지금도 에어 마카오 등을 이용하면 돈무앙 국제공항에 기착하곤 한다. 2023년 11월 촬영.

그런 경우 어김없이 어릴 적 김포 공항에서의 기억이 떠오른다. 구조도 다르고 모습도 완전히 다른데, 이역만리 방콕에서 오버랩이 되는 옛 김포 공항이라니! 아마도 비슷한 세월, 비슷한 역할을 수행하고 비슷한 궤적을 걸어가는 공간에 대한 필자만의 일종의 감정적 착시가 아닐까 싶다.

필자의 이런 '공간 오버랩'에 따른 감정적 착시 내지 공유감은 비단 돈무앙 공항에만 국한되는 것은 아니다. 1화에서도 잠깐 등장했지만 새롭게 문을 연 방스역에 방콕의 중앙역으로서의 지위를 내주고 화려한 과거의 영화를 간직한 채 우직하게 서 있는 '후알람퐁역'을 찾노라면 이상하게 어린 시절 부모님 손에 이끌려 찾았던, 지금은 전시관 등으로 활용되고 있는 원조 서울역의 느낌과 냄새가 떠오른다.

역을 이용하는 많은 사람들 속에서 혹여라도 미아가 될까 싶어 아빠, 엄마의 손을 꼭 잡고 걸어갈 때의 긴장감, 여름날 곧 기차를 타고 바다를 보러 간다는 기대감으로 인해 매표소 앞에서 아빠와 함께 서서 한참 동안 차례를 기다려야 했음에도 전혀 힘들지 않았던 어린 시절의 벅찬 감정, '딸깍'하는 소리와 함께 종이 표를 개찰하는 역무원 아저씨의 펀칭기가 신기해 팔을 한껏 최대한 위로 뻗어 종이 기차표를 역무원 아저씨한테 내밀었던 그 설레는 감정까지 떠오르며 행복한 추억에 젖게 될 때가 있다.

워낙 기차를 좋아하는지라 여러 나라, 여러 도시에서 기차를 이용해 봤지만 태국에서처럼 역이나 기차 자체에 공감각적인 동질감을 갖게 되는 경우는 없었던 것 같다. 여행에서 만나는 현재의 낯선 어떤 공간이 희한하게도 익숙한 공간인 듯 인식되면서 이미 잊어 본인조차 모르고 지냈던 과거의 공간이나 추억에 대한 기억까지 불러와 현재의 낯선 공간과 조화롭게 겹치며 지나온 시간들에 사진처럼 박혀 있었던 모습들과 더불어 그 당시의 감정까지 고스란히 다시 소환이 되는 특이한 경험은, 시점과 위치가 서로 다른 공간에 대한 동질감을 넘어 온전히 공유되고 있다고 표현할 만큼 특별한 것이었다. 그리고 이 특별한 느낌과 감정이 그저 비슷한 공간에서 떠오르는, 지극히 단편적인 감정적인 향유라면 비슷한 경제 수준을 보이는 다른 대륙의 다른 나라에서도 분명 떠오르고 자극될 만하기도 한데, 신기하게도 태국에서만 더 느껴지는 이 묘한 설렘과 공감은 다른 나라에서는 쉽게 얻을 수 없는 특별한 것이었다.

어딘가 묘하게 닮아 원조 서울역이 자동 오버랩 되는 후알람퐁 역사의 모습. 예전에 야간 열차를 타고 이곳에 내리면 바닥에 누워 잠을 자거나 쉬면서 열차를 기다리는 사람들을 정말 많이 볼 수 있었다.

몇 년 전 한국의 한 정치인이 서울은 천박하다고 말해서 구설에 오른 적이 있었다. 서울이 고향이신 아버지와 어머니 사이에서 태어나, 역시 서울 토박이셨던 외할머니와 유년기에 종로 사직 공원에서 함께 논 기억이 남아 있는 서울 사람인 필자는, 소위 8학군 지역에서 학창 시절을 보냈음에도 강남보다는 강북의 분위기와 서울 성곽을 좋아한다. 물론 그 정치인이 무슨 말을 하려고 했는지 한편으론 이해되는 측면도 있지만, 장기적인 도시 계획은커녕 한국 전쟁을 비롯한 격동기에 먹고사는 문제가 가장 중요했던 우리 아버지, 할아버지 세대의 엄청난 헌신과 노력이 말 한마디로 함께 무시되는 것 같아 안타까운 마음도 들었다.

한국의 발전의 형태는 급진적이고 전면적이다. KTX가 세상에 나오며 비둘기호, 통일호는 당연한 듯이 사라지고, 새로운 새마을호 기차가 도입되며 옛날 새마을호 열차 역시 마지막 운행을 마치고 불필요한 죄인이라도 된 듯, 서둘러 역사 속으로 사라진다. 그처럼 발전이 신속하고 전면적이기에 그 어느 나라보다 각종 사회적인 인프라가 눈에 띄게 발전하고 좋아졌지만, 건물과 물건에 스미는 크고 작은 추억들도 그와 함께 신속히 사라져 버리는 것 같아 안타까운 마음도 든다.

2018년 4월 30일, 필자가 직접 탑승하고 촬영한 마지막 새마을호의 모습. 기관차 앞에 마지막 운행임을 알리는 '종운終運'이라는 표지판이 붙어 있다. 우리의 변화는 급진적이라 신속히 편리해지는 장점은 있지만, 불필요한 죄인이라도 되는 듯 과거의 것들이 급작스럽게 사라져 버리는지라 아쉬울 때도 많다.

반면 태국의 발전은 대단히 점진적이다. 예를 들어 같은 버스 노선에 2023년에 도입된, 장애인 휠체어도 고정되는 에어컨이 빵빵한 파란색 최신 버스가 있는가 하면, 40년 넘게 사용해 온 에어컨은커녕 선풍기도 제대로 작동되지 않는 빨간색 구형 버스가 공존한다. 변화와 발전이 이처럼 점진적으로 이루어지기 때문에 불편한 감도 있지만, 다양한 나라, 다양한 세대의 공감과 추억을 이끌어 내기에 용이하다. 아마 이러한 배경과 특수성이 태국이라는 나라를 여행 강국으로 만드는 힘이 되어 주는지도 모르겠다.

후알람퐁 기차역에 서 있는 증기 기관차들. 한국은 증기 기관차를 보려면 특별한 박물관을 찾아가야 볼 수 있지만, 태국은 지방 도시에서 개최되는 특별 행사 등에서 심심치 않게 증기 기관차를 볼 수 있다. 점진적인 변화는 불편해 보여도 전 세대의 공감과 추억을 이끌어 내기에 부족함이 없다.

KTX가 도입되는 건 좋지만 옛날 비둘기호나 통일호가 아직도 어디선가 운행된다면 어떨까? 중심 노선에서 잔존하는 게 어렵다면, 시골 변두리 한두 편으로라도 명맥을 유지하면 그 자체로 좋은 여행 상품이 될 텐데 말이다. 여러 분야에서 이미 선진화가 이루어진 한국이니만큼 이제 발전의 속도와 형태에 있어서도 꼼꼼한 고려가 있었으면 좋겠다. 국적을 떠나서 사람은 지나온 역사를 그리워하고, 자신의 추억을 곱씹기 위해서라면 기꺼이 비용을 지불할 테니 말이다.

만약 독자님이 지금 방콕에서 이 글을 읽으셨거나 아님 방콕을 향해 가고 계시다면 벽화로 유명한 딸랏너이나 차이나타운만 가시지 말고 이들과 가까이에 위치한 후알람퐁역도 꼭 가 보실 것을 권한다. 옛것을 각별히 생각하는, 그래서 딸랏너이나 차이나타운이 멋지다고 생각하는 독자님이라면 분명 후알람퐁역도 아름답다고 느끼실 것이다. 필자처럼.

깐짜나부리 지역 행사에서 경적을 울리며 콰이강의 다리를 건너고 있는 증기 기관차. 한국은 새마을호가 벌써 은퇴했지만 태국은 아직 각종 행사에서 증기 기관차가 심심치 않게 등장한다. 2023년 12월 8일 촬영.

13
4월, 행복한 한 해 되세요, 송끄란

　해마다 1월 1일이 되면 수많은 나라에서 신년맞이 행사를 진행한다. 영국이나 유럽의 여러 지역에서는 멋진 퍼레이드와 불꽃놀이로 특징을 이루기도 하고, 뉴욕 타임스퀘어 광장에서 해마다 펼쳐지는 신년맞이 페스티벌은 화려한 콘텐츠로 사람의 마음을 설레게 만드는 것으로 유명하다. 그에 비해 카운트다운과 함께 보신각종을 타종하는 한국의 신년맞이는 경건한 느낌을 주긴 하지만 사뭇 소박하다. 울려 퍼지는 종소리가 주는 힘 때문일까? 해마다 보신각의 신년 타종 행사를 보고 있노라면 새해를 맞이했다는 설레는 감정보다는 지극히 경건한 마음으로 지나온 한 해를 돌아보게 — 심지어 반성하게 — 되는 쓸쓸한 감정이 앞선다. 분명 카운트다운과 함께 새롭게 맞이한, 신년을 축하하는 행사임에도 이상하게 송년 행사의 느낌이다. 그 어느 나라보다 삶에서의 스트레스 강도가 높고 경쟁이 치열하기 때문에, 적어도 1년에 한 번이라도 국민들의 쌓인 스트레스를 시원하게 풀어 줄 만한 큰 축제가 있으면 좋으련만, 그러한 국가 차원의 축제나 지역 단위의 의미 깊은 축제조차 별로 없는 한국인데, 안타깝게도 신년 행사마저 너무 소박할 뿐만 아니라 지나치게 거룩하기만 하다.

태국의 신년맞이는 어떨까? 음력 1월 1일을 '춘절'이라 하여 양력 1월 1일인 원단절보다 성대하게 보내는 중국처럼 태국은 양력 1월 1일보다 태국 전통의 새해인 4월을 매우 중요하게 생각하며 국가 차원의 신년맞이 축제를 즐기는데, 그 축제가 바로 해마다 4월에 진행되는 '송끄란 페스티벌'이다.

송끄란은 범어(梵語)로 '변화'를 뜻하는 'Sankrandhi'에서 기원했다. 원래는 한국의 음력처럼 설날에 맞춰 진행하던 축제였기에 매년 날짜가 조금씩 다르게 진행되었지만, 현재는 날짜가 4월 13일부터 15일로 고정되었다. 송끄란이 주말과 겹칠 경우 그다음 주에 대체 휴일을 주기 때문에 요일에 따라서 제법 긴 휴일이 되기도 한다는 점에서 한국의 설날과 닮아 있다.

최대 축제 기간인 만큼 그 기간에는 일반적으로 평시보다 태국행 비행기의 항공 요금이 더 비싸게 판매된다. 수도인 방콕은 물론, 송끄란 축제가 더 재미있기로 유명한 후아힌이나 치앙마이 말고도 대부분의 중소 도시가 활기를 띠는데, 달리는 차에 물을 한 바가지 끼얹기도 하고, 물을 좀 덜 맞은 사람들을 위해 친절하게도 소방차나 대형 물차가 와서 하늘로 물을 분사해 주기도 한다.

한국에서 석가 탄신일에 물을 뿌려서 아기 부처를 씻기는 정화 의식처럼, 태국의 송끄란 축제도 전체적인 분위기가 뭔가 종교적이면서 엄숙할 것으로 생각하면 오산이다. 나아가 태국 사람들이 대개 온화하고 친절하기 때문에 다른 사람에게 물을 뿌릴 때 조심스럽고 다른 사정 봐 가며 젠틀하게 뿌릴 것이라고 생각한다면 그 역시 오산이다.

이 기간에 물을 뿌리는 태국 사람들의 모습을 보고 있노라면 인간의 본성은 역시 성선설보다 성악설에 무게 중심을 두어야겠다고 생각하게 될 만큼 짓궂다. 송끄란 전날만 해도 마냥 온순했던 태국 사람들, '무', '비아', '땡모'가 어제의 사람들이 아니다. 물을 뿌리는 행위 자체에 자신과 다른 사람의 행복을 기원하는 뜻이 담겨 있기 때문에, 역설적이게도 선하고 친절한 태국 사람들은 최선을 다해서 다른 사람에게 물을 뿌린다. 축제에 참여한 유아부터 노인까지, 마치 모두가 전사라도 된 듯, 특별한 사명을 받은 무사인 듯 열심히 물을 뿌려 댄다. 다른 사람에게 물을 뿌림에 있어 어떠한 주저함도 없다.

빠이에서 열심히 송끄란 축제를 즐기고 있는 사람들. 특히나 외국인들에게는 좀 더 강한 친절을 나타낸다. 특히 물총이나 어떠한 장비도 갖추지 않은 외국인들에게는 더더욱.

분명히 송끄란은 4월 13일부터지만 특히 어린이들은 설레는 마음을 도저히 참지 못하고 3~4일 전부터 커다란 물통에 물을 담고 영업(?)을 개시한다. 아직 이 시기는 암묵적인 동의가 되지 않은 터라 물을 뿌리는 입장에서도 꽤나 소심하다. 바가지나 호스로 과감히 물을 뿌리기보다는 작은 물총 같은 걸로 사람을 봐 가며 주로 외국인 관광객들에게 찍찍 뿌려 댄다.

그렇게 2, 3일간 마음을 단련한 후 이제 본격적으로 마음을 잡고 뿌리는데, 송끄란 전날인 4월 12일 정도가 되면 아이들만이 아니라 어른들도 본격적으로 축제에 참여한다. 특히 외국인이 많은 치앙마이나 빠이 같은 데선 수도에 직접 연결한 굵은 호스나 바가지, 바스켓 통 등을 가지고 적극적으로 물을 뿌려 댄다. 4월 중순은 꽤나 덥다. 그렇기 때문에 여기 저기서 뿌려 주는 물 한 바가지가 더위를 식혀 주는 역할은 하는데, 문제는 친절하다 못해 너무 친절한 태국인들이 물에 대형 얼음을 넣어 심각하게 차가운 물을 뿌려 주는 경우가 많다는 점이다. 더운 날 길을 지나고 있는데 뒤에서 지나가는 차량이 갑자기 등에 얼음물을 바가지로 뿌리고 간다고 생각해 보시라. 정말 심장이 오그라드는 것처럼 깜짝 놀라게 되는 경우가 많다.

어디 그뿐인가? 오토바이를 타고 가는데 눈앞으로 갑자기 물 한 바가지를 확 끼얹는 일이 비일비재하다. 오토바이를 능숙하게 타는 사람이라면 문제 될 것이 거의 없는데, 초보자의 경우 깜짝 놀라서 갑자기 브레이크를 잡게 되는 경우도 있고 그로 인해 오토바이가 넘어져 2차 사고가 일어나기도 한다.

 필자도 한번은 송끄란 기간 중 오토바이를 타고 골목을 지나고 있었는데, 술에 취한 한 외국인 여행자가 필자의 얼굴에 갑자기 물을 뿌리는 바람에 놀래서 피하다가 길에 주차해 놓은 오토바이 사이에 발이 끼는 사고를 당한 적이 있다. 대부분의 태국 사람들은 오토바이를 탄 사람에게 물을 뿌릴 때는 하늘 높이 뿌려서 마음속으로 예상을 하고 물벼락을 맞게 하거나, 얼굴이 아닌, 배나 등, 몸통에 뿌리는데, 외국인들은 경험이 없다 보니 그저 물벼락을 맞는 사람이 당황하는 것이 재미있어 아무 생각 없이 부위를 가리지 않고 뿌려 대기 때문에 주의를 요한다. 특히 오토바이를 잘 타는 사람이 아니라면, 송끄란 시즌에는 타지 않는 것이 좋겠다는 말씀을 꼭 드리고 싶다.

송끄란을 맞아 열심히 상대방을 축복(?) 중인 태국 사람들. 올해 충분히 못 뿌리면 아쉬움 속에 1년을 더 기다려야 하기 때문에 후회하지 않고자 정말 열심히 뿌려 댄다. 그나저나 얼음까지 넣어 차가운 얼음물을 뿌려 주는 건 상대방을 더 시원하게 만들어 주려는 태국 사람들 특유의 친절이겠지? 아니라고? 진짜 깜짝 놀라게 하려고 그러는 거라고?

최선을 다해서 지나가는 픽업 차량에 물을 뿌리고 있는 누나와 동생. 저 동생은 전날만 해도 자기는 키가 작아서 못 뿌릴 것 같다고 걱정을 하더니 대략 두 시간 동안 지치지도 않고 지나가는 차마다 골고루 축복을 나누어 주었다. 송끄란은 양순하던 태국인들이 무자헤딘으로 바뀌는 기간이다.

    송끄란이 일반적으로 방콕보다 지방 도시가 더 재미있고 도시 자체가 들썩들썩하기는 하지만, 다소 불편한 부분도 있다. 치앙마이를 비롯해 대부분 지방의 큰 도시의 경우 여러 축제가 계획되어 메인 로드를 막기 때문에 볼트나 그랩, 택시가 잘 다닐 수 없어 아무리 가고자 하는 목적지가 멀어도 어쩔 수 없이 걷거나 오토바이 택시인 '랍짱'을 타야 하는 경우가 생긴다. 방콕이라면 이런 경우 BTS나 MRT를 타고 가면 되겠지만, 선택지가 없는 중소 도시에서는 간혹 난감할 때가 있다. 도보나 랍짱, 툭툭이의 경우 원하든 원하지 않든 가장 만만한 물 표적이 되기 때문에 물귀신이 되는 건 감수해야 한다. 마음으로 물벼락을 맞을 준비가 된 상황이면 상관이 없지만, 어떤 때는 비즈니스 미팅이 있어서 셔츠에 정장 바지를 입고 나왔는데 송끄란 때문에 택시나 볼트, 그랩이 잡히지 않으면 진짜 대략난감이다. 물 뿌리는 사람들 가운데는 간혹 집에서 받아 나온 수돗물이 다 떨어지면 강물이나 호수의 물을 떠다가 뿌리는 일도 많은데, 하얀 셔츠에 강물을 맞으면 강물의 녹조 때문에 옷에 물이 드는 일도 있기 때문이다.

치앙마이의 2024 송끄란 페스티벌의 모습. 송끄란은 치앙마이는 물론 태국 전체가 들썩이는 대형 축제 기간이다.

쓰다 보니 송끄란이 가져오는 부작용을 일부 나열하게 되었지만, 여행자의 입장에선 송끄란 축제가 분명 색다른 축제임엔 틀림없다. 만약 시기를 맞춰 방문하게 된다면 한국에서 샌들이나 휴대폰 방수 케이스 같은 것들은 미리 사 가지고 나오시는 것이 좋겠다. 물론 그 시기에 태국에서도 팔긴 하지만, 가격이 평시보다 많이 비싸거나 매진이 되어 원하는 성능의 물품을 살 수 없는 경우도 있어서다.

'라 토마티나'라고 불리는 토마토 축제로 유명한 스페인. 마드리드 인근의 '바예카스' 지역에서 여름 폭염이 심해지는 가운데 1980년대부터 해 왔던 물 축제가 점차 자리를 잡아 가고 있다는 소식을 들은 적이 있다. 한국 역시 여름 더위의 기세가 점점 더 대단해지고 있는데, 우리도 바예카스 물 축제나 태국의 송끄란처럼 특별한 기간을 정해 물 뿌리는 행사를 여름 축제로 도입해 보면 어떨까? 요새 유행하는 워터밤처럼 특정 행사장이 아니라 아예 도시 전체에서 물 축제를 여는 거다. 전남의 한 도시가 지방 자치 단체 차원에서 해마다 물 축제를 열고 있다고 하는데, 물 축제 기간을 3일 정도로 단축하여 정해진 특정한 날 서울이나 다른 도시에서도 함께 진행해 보는 거다. 한국에서 더위하면 대표적으로 떠올리게 되는 대구, 그리고 더위라면 결코 대구에 뒤지지 않는 경주나 부산 같은 유명한 관광 도시가 여름 축제로 함께 한다면 금세 한국을 대표하는 여름 축제로 자리 잡을 수 있지 않을까 생각한다. 여름엔 더워서 다른 도시에서 찾기가 쉽지 않았던 지역이, 축제 하나로 여름이라서 더 찾게 되는 도시로 탈바꿈하게 되는 것이다.

그나저나 코비드로 인해 몇 년간 열리지 않았기 때문인지 오랜만에 재개된 2023년 송끄란 기간에 200명이 넘는 사람들이 사고 등으로 사망했고, 안타깝게도 2024년 송끄란에는 무려 240명가량이 사망했다고 한다. 송끄란을 비롯한 모든 축제가 안전하고 즐겁게 진행될 수 있기를 기대해 본다.

송끄란을 얼마 앞두고 방콕의 한 쇼핑센터에서 열린 한 연예인의 팬 미팅. 송끄란 기간에는 여러 문화 행사들도 함께 열려 볼거리와 즐길 거리가 풍성하다.

14 푸잉과 푸차이 사이 그 어딘가

얼마 전 인터넷상에서 꽤 화제가 되었던 영상이 있었다. 태국의 징병 검사장을 찍은 영상인데 시커먼 여러 남성들 사이로 예쁜 여성이 눈에 띈다. 아니, 태국은 양성 징병제를 채택하고 있는 것일까? 아니면 이 여성들은 여군으로 자원입대하고자 검사장을 찾아온 것일까?

아니다. 이 여성들, 사실은 남자다. 분명 얼굴로 보나 몸매로 보나 100% 여성이 확실해 보이건만 사실은 트랜스젠더로 서류상 남자이기 때문에 일단 징병 검사장을 찾은 것이다.

태국은 한국과 비슷한 징병제 국가다. 우리와 비슷하게 먼저 신체검사를 받고, 건강에 문제가 있다면 아예 면제를, 그 외 건강한 남성을 대상으로 징집인지 병역 면제인지를 결정하게 된다.

인터넷을 뜨겁게 달궜던 징병 검사장 사진. 사진의 주인공은 21세 '몬타나' 씨로 아름다운 여성의 외모를 가진 '남자'다. 이 영상으로 그의 SNS 방문자는 폭증했고, 이후 태국 TV에도 출연한다. [사진 출처: 세계일보]

물론 태국도 자원입대가 가능하다. 자원입대를 하게 되면 학력에 따라 6개월에서 1년만 근무하면 되지만 입대 후 6개월 정도만 근무하고 제대하는 것이라면, 그야말로 훈련소에 이어 자대 입대 후 신병으로서 고생이라는 고생만 몽땅 하고 제대하게 되는 셈이라 자원입대자만으론 충분한 자원이 충원되지 않고, 게다가 징집 추첨만 잘하면 군 면제자가 될 수 있는 공식적인 방법이 있기 때문에 더욱 그렇다.

그럼 어떤 방법으로 2년간 군 생활인지, 아예 면제인지를 결정하게 되는 걸까?

방법은 간단하다. 빨간색과 검은색의 종이나 공이 섞여 있는 상자 안에서 검은색 제비를 뽑으면 군 면제, 빨간색 제비를 뽑으면 한 달 내에 후딱 입대할 준비를 마치고 2년간의 군 생활을 해야 한다. 이 공포의 제비뽑기는 해외에 거주하는 유명 태국인도 예외가 아니다.

한국에서 연예인 생활을 해 온 닉쿤은 입대가 고려될 당시 자원입대자 수가 충분하여 뽑기 없이 쉽게 면제를 받았지만, 뱀뱀은 징집 추첨을 위해 태국으로 잠시 들어와야만 했다. 재미있는 것은 신체검사 결과 높은 등급을 받은 병역 자원부터 추첨을 실시하기 때문에 신체검사 결과 2등급이 나온 뱀뱀은 먼저 제비를 뽑은 1등급자들이 입영 대상 TO를 다 채우는 행운 덕분에 제비를 뽑지 않고 면제를 받게 되었다.

그럼 저 트랜스젠더들도 제비를 뽑을까?

그렇진 않다. 상당수의 트랜스젠더들은 이미 여성 호르몬을 여러 해 동안 맞아 왔다던가 아예 성형 수술을 통해 성기를 제거하는 등 남성으로서의 특성을 많이 제거한 까닭에 이들은 제비를 뽑는 단계까지 가지 않고 신체검사 단계에서 다 걸러진다.

흥미롭게도 태국이 군인에 대한 처우가 매우 좋은 편이고, 입대하여 군 생활에 잘 적응하면 군 간부가 될 수 있는 길도 있기 때문에 시골이나 경제적으로 어려운 가정의 청년의 경우는 빨간색 제비를 뽑아 면제를 받을 수 있음에도 검은색 제비를 뽑은 사람과 제비를 바꾸는 경우도 있다고 한다.

그런데 왜 유독 태국에는 트랜스젠더가 많은 걸까? 태국을 여행하다 보면 트랜스젠더도 많지만 누가 봐도 남자인데 여성복을 입고 화장을 하고 힐을 신은 여장 남자를 많이 보게 된다. 부끄러워하거나 뒤로 숨지도 않는다. 특히 태국의 쇼핑센터마다 거의 당연히 있는 부츠(Boots)나 왓슨스(Watsons) 같은 매장에서는 높은 비율로 한두 명의 트랜스젠더 점원을 보게 된다. 여성인지 남성인지 잘 모르겠는 경우가 대부분이지만, 뾰족하게 튀어나온 목젖을 자랑하며 이계인 아저씨보다 훨씬 걸걸한 목소리로 '싸와디카'를 날리는, 여성처럼 보이려고 노력한 흔적이라곤 오직 짙은 메이크업뿐인, 소프트웨어만 여성인 여장 남자 점원들도 참 많다.

그 이유로 많은 사람들은 16세기에서 18세기 사이 200년간 이어졌던 태국 아유타야 왕조와 미얀마와의 전쟁을 원인으로 꼽는다. 오랜 전쟁 중에 대부분의 성인 남성이 전부 징집되어 전쟁으로 나가게 되었고, 그 가운데 대부분이 죽거나 불구가 되어 돌아왔던 까닭에 아들이 있는 경우 어느 정도 성장하면 징집을 피하기 위해 어릴 때부터 여장을 시키거나, 아예 평생 남성이 아닌 여성으로 행세하며 살아가는 사람들도 생겨나게 되었는데 이를 태국 사회에 트렌스젠더가 많은 이유로 제시한다.

파타야 티파니 쇼의 마지막 장면. 필자가 보기엔 100% 진짜 여성들인 것 같은데 저 여성들이 염색체상으로는 남성들이라니 그저 놀라울 뿐이다.

필자의 생각이긴 하지만, 이 긴 전쟁의 결과라고도 볼 수 있는 또 한 가지 사회적인 문제는 결혼을 하지 못하는 여성이 많아졌다는 것이다. 긴 전쟁 중, 마을마다 남자가 없다 보니 태국이라는 나라가 자연스럽게 모계 중심적으로 변하게 되었고, 전쟁이 끝난 18세기 이후로 현재까지 모계 중심 문화가 이어져 오게 되어 — 물론 현재의 젊은 세대는 대부분 그렇지 않지만 — 일을 여성들에게 떠넘기고 일도 하지 않고 빈둥거리는 남자들이 많아진 데다 여기에 게이와 트랜스젠더까지 더해져 결혼을 원하는 여성이 마음에 드는 남성과 결혼하기가 매우 힘들어지게 된 것이다.

아주 흔한 경우는 아니지만 결혼하고 아이도 낳았는데, 언제까지나 남자일 줄 알았던 남편이 성전환 수술을 하고 갑자기 '언니'가 되어 떠나 버리기도 하고, 동거를 할 때는 남성성을 갖고 있던 남친이 갑자기 남성과 사랑에 빠져 떠나는 경우도 꽤 있기 때문에 이런저런 사연으로 태국에는 아이를 키우는 미혼모가 상당히 많다. 게다가 이렇게 떠나 버린 과거 남편과 남친들이 양육의 의무를 지키는 경우가 매우 적기 때문에 모계 중심 문화에 익숙한 태국의 여성들은 용감히 생활 전선에 뛰어든다.

하지만 태국에서 버는 수입이 많지 않은 데다 생활력이 강한 태국 여성들이 볼 때, 한국에서 불법 체류를 감수하며 하는 여러 가지 일들은 어렵지도 않고 상대적으로 수입이 많은지라 쉽게 불법 체류를 결심하게 된다. 마사지사의 경우는 드물게 태국에서 정식으로 공부하고 오는 경우도 있지만, 아는 친구를 통해 며칠간 마사지하는 방법을 대충 배우고 한국으로 와서 마사지 숍에 취업하는 경우도 있다. 어쩌면 16세기부터 시작되었던 미얀마와의 200년 전쟁이 오늘날 한국 내 태국인 불법 체류자를 양산하는 나비효과가 된 건 아닌지 모르겠다.

성전환 수술의 기술이 세계에서 가장 뛰어나기로 유명한 태국. 태국을 여행하다 상점이나 식당에서 예쁜 현지인 '푸잉(여성)'이 보인다면 한 번 유심히 살펴보자. 당신이 마주한 그 '틀림없는 여성'은 어쩌면 '푸차이(남성)'일지도 모른다.

15
꺼까이 그리고 커카이

　태국어 휴대폰 자판은 판이 두 판이다. 무슨 말인가 하면 컴퓨터 키보드를 기준으로 '시프트' 키 위치에 있는, 위로 된 화살표를 휴대폰에서 누르면 첫 번째 화면에 나열되었던 자모음과 전혀 다른 자모음이 한 판 더 펼쳐진다. 이게 다 자음이 무려 44개에 달하는 태국어의 특징 때문인데 같은 'ㅌ' 음가의 자음만 하더라도 터탄, 터몬토, 터푸타오, 터퉁, 터타한, 터통까지 무려 6개에 달한다. 이런 식으로 비슷한 음가의 자음이 여러 개인 경우가 많다보니 감사하게도 그나마 두 개의 자음은 현재 사용이 되지 않음에도 적어도 42개의 자음을 알아야 글을 읽고 쓸 수 있다.

　천자문을 공부하는 학습자가 맨 처음 '하늘 천, 따 지'를 마주하듯, 태국어를 처음 공부할 때 첫 번째로 나오는 태국어 자음이 닭을 뜻하는 'ก(꺼까이)'와 달걀을 뜻하는 'ข(커카이)'인데, 이를 보면 태국인들의 삶에서 닭이 얼마나 친숙하고 또 필요한 존재였는지 잘 알 수 있다.

　닭 외에도 태국어 자음에 등장하는 또 다른 동물들로는 거북이(따오), 물고기(쁠라), 벌(픙), 호랑이(쓰아), 물소(콰이), 뱀(응우), 코끼리(창), 쥐(누), 말(마), 원숭이(링), 부엉이(녹훅) 등이 있는데, 쌀농사를 기반으로 한 태국의 농경 문화와 더불어 열대우림으로서 태국 북부의 깊은 산과 들, 강, 바다, 논밭의 풍경이 그려져 문자로부터 묘한 낭만이 느껴진다.

태국어 공부를 하면서 무척 짜증이 났던 부분은 '월月'을 공부하면서였다. 무려 76개에 달하는 자음과 모음을 공부하고 났는데, 학습자를 전혀 고려하지 않은 불친절한 아이들이 12개나 등장하며 땡깡을 부린다. 이쯤 되면 1년이 12개월 밖에 없다는 것이 다행스러울 지경이다.

태국어로 월에 해당하는 단어는 '드언'이다. 그러므로 한국의 1월, 2월, 3월, 4월처럼 1(능), 2(썽), 3(쌈), 4(씨)를 붙여서 능 드언, 썽 드언, 쌈 드언, 씨 드언하면 아주 깔끔하고 쉽게 해결될 것 같은데 그렇게 하지 않는다. 1월은 마까라콤, 2월은 꿈파판, 3월을 미나콤, 4월은 메싸욘, 5월은 프릇싸파콤… 이런 식이다. 물론 다른 언어도 그렇지만 죄다 외워야 한다. 그래서 직관적으로 9월은 깐야욘, 11월은 프릇싸찌까욘, 이렇게 바로바로 떠오르지 않으면 대화 중에 10월, '뚤라콤'이라도 나오면 '뚤라콤이 몇 월이더라? 9월인가?' 뭐 이런 생각을 하다가 대화의 흐름을 놓치기 일쑤다.

재미있게도 태국 사람들도 향후에 있을 약속을 확언하거나 이에 대한 대화를 나눌 때 자기네들도 헷갈리는지 우리가 국사 시험을 볼 때면 '태정태세문단세'를 하듯 손가락을 하나씩 꼽으며 '마까라, 꿈파, 미나, 메사, … (1월, 2월, 3월, 4월, …)'를 해 보는 경우가 많다. 복잡한 1~12월의 해당 단어가 외국인 학습자는 물론 태국인들에게도 쉽고 직관적이지 않다는 거다. 이럴 거면 깔끔하게 태국 교육부라든지 태국 언어학회쯤이 나서서 '자 올해부터 마까라콤, 꿈파판, 미나콤 다 없애고 쉽게 능 드언, 썽 드언, 쌈 드언 으로 갑시다.'라고 반포라도 하면 어떨까 하는 엉뚱한 생각을 한 적도 있었다.

태국어 키보드 자판의 배열. 자모음이 많은 관계로 한 판에 해결이 안 되어 좌측 하단의 위로 솟은 화살표 모양 — 컴퓨터에서는 시프트 키 — 을 누르면 새로운 자모음이 한 판 더 펼쳐지는 구조다.

하지만 필자의 이런 불만을 일거에 잠재운 것이 있었으니 이 비효율적인 월마다의 다른 이름이 별자리로부터 기인했다는 것을 알게 되면서였다. 일례로 1월인 '마까라콤'은 염소자리(마꼰)로부터, 7월인 '까라까다콤'은 게자리(까라깟)로부터 기인하였다는 것을 말이다. 게다가 31일까지 있는 긴 달은 '콤'으로 끝나고 2월은 '판', 그 나머지는 '욘'이 붙는다는 질서까지 더해지니 태국이라는 나라가 더욱 분위기 있게 느껴

156 당신의 태국 여행을 10배 재밌게 만들어 주는 책

졌다. 미로인 줄만 알고 헤매고 걸었는데, 나중에 높다란 곳에서 내려다보니 기하학적으로 정확하게 설계된 특별한 문양의 길을 걸어온 것을 깨닫게 되면 짜증이 감탄으로 바뀔 수도 있는 것처럼, 복잡해 보이고 생소하기만 한 철자들 속에서 질서와 숨겨진 철학을 발견하는 순간, 복잡함은 더는 복잡하지만은 않고 복잡함에서 기인한 스트레스는 오히려 뭔가를 이해했다는 뿌듯함으로 바뀌어 새롭게 자리 잡는다.

닭 이야기를 하다가 태국어 자모음으로, 다시 월 이름과 별자리 이야기로 이어졌는데, 식재료로서의 닭에 대한 이야기를 해 보자면 태국의 면적은 5,131만 ha로 한국의 다섯 배에 달한다. 땅이 비옥하고 산이 깊으며

태국의 시골에서 흔하게 볼 수 있는 어미 닭과 병아리들. 품종의 차이도 물론 있겠지만, 닭이 자연 친화적으로 살아서 그런지 닭고기도 맛있고 달걀의 맛도 끝내준다.

강의 수량이 풍부한 데다 중남부 지역의 상당수가 바다와 접해 있어 식재료가 매우 풍부하다. 게다가 물류도 잘 갖춰진 편이어서 어느 지역에서 어떤 음식을 먹어도 신선하고 맛있다.

태국에 거주하거나 여행하는 사람이라면 모두가 공감하겠지만, 태국 음식은 정말이지 맛있다. 물론 한식도 역사가 깊고 여러 재료가 복합적으로 사용되다 보니 깊고 얕은 맛의 조화가 참 좋아 전 세계적으로 새로운 평가를 받고 있는 요즈음이지만, 태국 역시 한식 못지않다. 투박해

보이지만 먹어 보면 깊고, 단순한 맛 같아 보이지만 세련되며, 좋은 재료에서 오는 본연의 맛이 농후하고 조화롭다.

끌렁떠이 시장의 닭 파는 상인. 똑같아 보이지만 닭과 달걀의 맛이 한국과 많이 다르다. 지금 태국에 계신다면 치킨과 달걀 요리를 꼭 드셔 보시길.

특히 한국보다 참 맛있다고 생각되는 식재료는 닭과 달걀이다. 매홍손 지역을 여행하면서 있었던 일인데, 음식을 사 먹을 식당이 마땅치 않아 검색했더니 '한국 스타일의 양념치킨'이라며 그럴듯한 사진이 곁들여져 있어 주문을 하였다. 조금 기다리고 있으니 치킨이 도착했고 받아서 박스를 열어 보니 한국 스타일의 양념치킨이라는 소개가 무색하게 한국처럼 충분한 소스에 덮인 치킨도 아니었고 어색한 색깔의 소스를 약간 뿌린 허접한 모양새의 치킨이었다. 한 조각을 집어 일단 소스를 핥아 맛을 보니 한국처럼 여러 재료로 만든 풍부한 맛의 소스가 전혀 아닌, 그저 싸구려 고추장 맛만 났다.

이 조악한 소스 맛의 치킨을 어떻게 다 먹나 걱정하며 한 조각을 집어 입에 넣고 씹는 찰나였다. 마치 예능 프로에서 맛있는 음식을 먹을 때 머리에서 빛이 반짝하며 퍼져 나가듯, 닭에서 맛있는 육즙이 쫙쫙 뿜어져 입안 가득히 퍼져 나왔다. 마치 '얌마, 내가 진짜 치킨이다.'라고 말하는 것처럼. 태국 시골에서 맛본 150바트짜리 배달 치킨은 그야말로 놀라운 맛이었다.

태국 음식은 재료 본연의 맛이 참 좋다. 출중한 엄마 아빠 밑에서 출중한 아기가 나오듯, 닭이 대단하다 보니 달걀 역시 대단하다. 달걀에서 나는 비린 맛이란 무엇을 말하는 것인지 기억조차 나지 않을 정도로 태국 달걀의 노른자는 고소하고 흰자는 담백하다.

그럼 왜 이렇게 닭고기와 달걀이 맛있는 걸까? 태국의 농촌을 여행하다 보면 집마다 꽤 큰 규모로 닭을 키우는 광경을 쉽게 볼 수 있는데 아예 울타리를 치지 않고 자유롭게 놀며 자라도록 천연 방목을 하는 경우가 많다. 가둬 놓고 키우는 경우에도 한국처럼 케이지 같은 곳에 넣어 제대로 움직이지도 못하도록 가둬 놓는 것이 아니라, 꽤 넓

사진상으로 제법 그럴듯해 보이지만 소스는 정말 100% 고추장 맛만 났던 문제의 그 치킨. 소스는 형편없었지만 닭 자체가 너무 맛있어서 그간 먹었던 치킨 중에 가장 맛있었다고 말해도 과언이 아닐 정도였던 바로 그 치킨이다. 이 치킨을 먹으러 다시 매홍손으로 날아가고 싶을 정도로.

은 공간에서 자유롭게, 다만 도망가지 못하도록 하는 개념으로 울타리나 망을 쳐서 키우는 경우가 대부분이다. 물론 품종의 차이도 있겠지만, 태국의 계절적 특성상 기온이 높다 보니 좁은 곳에 가둬 놓으면 폐사의 위험도 있기에 대부분 자유롭게 풀어놓고 닭을 기른다. 그러다 보니 닭고기와 달걀이 뛰어나게 맛있는 게 아닌지 모르겠다.

달걀과 관련하여 또 한 가지, 우리는 대부분 달걀부침에 케첩을 뿌려 먹지만, 태국 사람들은 '소이소스(간장)'를 조금 뿌리고 그 위에 후추를 톡톡 뿌려서 먹는다. 물론 케첩과 달걀의 맛의 조화는 훌륭하지만, 케첩의 향과 풍미가 강해서 달걀 고유의 맛을 느끼는 데 방해가 되는 단점이 있는 반면, 소이소스와 후추는 달걀 고유의 향을 방해하지 않으면서 고소함과 담백함을 배가 시킨다.

지금 태국을 여행 중이거나 갈 계획이라면 한 번쯤은 로컬에서 치킨을 주문해 보시는 것은 어떨까? 그리고 달걀이 보이는 태국 식당에 가게 되면 손가락 하나를 펴면서 '카이다우 능(달걀 후라이 하나)'이라고 말하여 달걀부침 하나를 추가 주문하여 드셔 보시라. 한 걸음 더 나아가 달걀부침에 케첩이 아니라 태국 사람들처럼 소이소스와 후추를 톡톡 뿌리고 드셔 보시길. 금방 태국 달걀의 매력에 푹 빠지게 되실 것이다. 그러한 한 번씩의 시도로도 금방 진정한 '까이(닭)'와 참된 '카이(달걀)'의 맛을 알게 되시리라 확신한다.

방콕 여기저기서 만날 수 있는 본촌 치킨. 브랜드명이 '본촌'이다 보니 한국 특정 브랜드의 아류작 같이 느껴져 맛이 덜할 것으로 생각된다면 오산. 한 입 베어 물면 워낙 닭이 맛이 있다 보니 태국에서 만들어진 그대로 한국으로 역수출하고 싶은 생각이 들 정도로 맛있다.

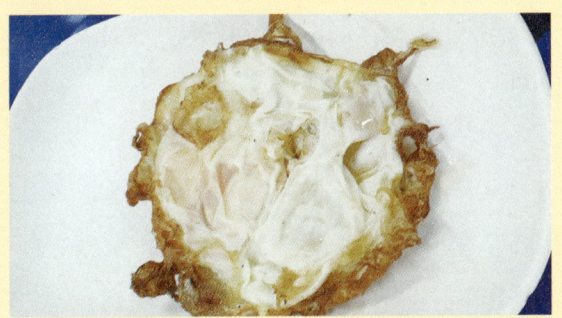

후아힌 '무이에렉 포차나'라는 현지인 맛집에서 다른 여러 메뉴들과 달걀부침(카이다우)을 시켰는데 다른 여러 맛있는 메뉴들이 묻혀 버릴 만큼 달걀부침이 너무 맛있어서 하나를 긴급히 추가 주문 후 찍은 사진. 먹어 봐야 맛을 안다. 기름에 튀긴 듯이 부쳐 온 태국 달걀의 저 찬연한 맛을.

언제 먹어도 맛있는 팟끄라파우 무쌉에 달걀부침 두 개를 얹은 모습. 4,000원이 채 안 되는 돈으로 맛볼 수 있는 최상의 조합이 아닐까?

16
내리세요 손님, 저는 차고로 갑니다

어느 나라나 여행자들이 낯선 곳을 여행할 때 공통적으로 크게 관심을 갖는 콘텐츠가 있기 마련이다. 그 도시의 랜드마크, 음식과 음악이 공존하는 크고 작은 시장과 야시장, 대형 쇼핑센터, 여행자 골목, 바다, 강, 협곡, 폭포, 유람선, 산, 기차, 지하철, 공원, 맛집, 특별한 지역 행사 등이 그것이다.

나열된 콘텐츠 외에도 필자가 어느 나라로 여행을 가서도 루틴 내지 의식처럼 꼭 경험하려고 노력해 보는 콘텐츠가 있다면 바로 '버스'다. 물론 지하철이나 기차도 그 지역 원주민들의 삶을 들여다볼 수 있는 좋은 기회를 주지만, 버스만큼 세세하게 현지 주민의 삶을 들여다볼 수 있는 콘텐츠는 되지 못하는 듯싶다. 버스가 안전하지 않기로 악명이 높은 지역이 아닌 한, 어느 대륙, 어느 나라를 가서든 여행 중 하루쯤은 시간을 내어 버스를 타고 맨 뒷자리에 앉아서 타고 내리는 사람들을 관찰해 보는 것은 잠시나마 완전한 현지인이 된 듯한 착각을 불러일으켜 여행의 몰입도를 한층 배가시킨다.

한번은 시애틀에서 버스를 탔는데, 흑인 아줌마 둘이 처음엔 사소한 말다툼으로 시작하여 대단한 물리적인 충돌로 이어지는 걸 보는 경험을 하기도 했는데, 그 한 번을 제외하곤 어느 나라에서건 다행히 큰 불편을 겪었던 기억은 없었던지라, 지역 원주민의 삶을 세세하게 들여다볼 수 있다는 큰 장점이 있는 버스의 매력을 도저히 외면할 수가 없었다.

방콕에서도 버스는 필자의 좋은 벗이 되었다. 방콕의 버스는 에어컨이 완비된 최신형 버스와 더불어 에어컨은커녕 제대로 된 선풍기조차 없이 창문을 오픈하고 달리는 40년 넘은 버스도 함께 공존한다. 에어컨 버스는 한국의 버스와 크게 다르지 않기 때문에 필자는 되도록 빨간색과 베이지색이 함께 칠해진 구닥다리 버스를 즐겨 타는데, 타게 되면 의도치 않게 여러 상념에 젖게 된다.

필자가 좋아하는 방콕의 명물인 40년 넘은 시내버스. 타고 있는 동안은 방콕 사람이 되어 방콕 시민들의 삶 속에 빠져 있는 느낌이 들어 좋다. 한국 같았으면 진작 폐차되었겠지만 2024년 12월 기준, 엄연히 현역이다.

특히 그러한 상념에 빠지게 되는 것은 버스 기사님을 볼 때인데 덥고 엄청나게 차가 막히는 방콕 도심 한복판에서 팬도 고장 나 돌지 않는 버스를 몰고, 게다가 파워 스티어링이 장착되지 않아 턴을 하려고 한참을 한쪽으로 핸들을 돌리며 운전하고 있는 모습을 보고 있노라면 누군가가 자신의 인생을 진지하게 마주하여 주어진 운명과 싸우고 있는 듯한 느낌마저 들어 여행자인 필자 자신까지 자연 함께 숙연해진다.

날이 더우니 팔을 잘라 나시처럼 만들거나 제복을 벗고 러닝셔츠만 입고 운전할 만도 하건만, 꾸역꾸역 땀도 잘 안 통하게 생긴 덥고 불편한 유니폼을 입고 땀을 흘려

오래된 재래식 버스를 운전하고 있는 방콕의 버스 기사. 더위는 물론, 방콕의 매연과 막히는 길을 인내하며 기필코 운전을 해내는 그들을 볼 때면 어려운 삶을 마주하여 숭고하게 살아 나가는 한 인간의 모습을 보고 있는 것 같아 인생에 대한 깊은 상념에 젖게 된다.

가며 간간이 신호에 걸릴 때마다 옆에 놓인 얼음물 통에서 드링크제나 물을 꺼내 마시는 것으로 매연과 더위를 묵묵히 참아 내는 방콕의 재래식 버스 운전기사. 여러 해 동안 족히 수백 번은 방콕의 구닥다리 버스를 이용했음에도 재래식 버스 기사의 모습을 지켜볼 때마다 인생을 가

장 진지하게 살아 내는 사람들을 마주하고 있는 것 같아 그들이 거룩해 보이기까지 한다.

방콕의 버스의 안전에 대해서는 현지인들의 평가가 다소 갈리는 편이다. BTS나 MRT와 비슷한 안전도라는 체감과 평가가 있는 반면, 수년 전까지만 해도 특히 청소년들이 버스 안에서 범죄를 저지르는 일이 있었기에 되도록 버스를 타지 말라는 의견도 존재한다. 필자의 경우 운이 좋았을지는 모르겠지만, 지금껏 방콕에서 최소 수백 번 버스를 탔던 것 같으나 자다가 정류장을 지나치거나 차고지로 들어가는 버스를 탄 적은 있어도 안전과 관련해 곤란한 경험을 해 본 적은 없었다.

잠깐 썼지만 필자가 방콕에서 버스를 탔다가 곤란을 경험했던 기억이라면 태국어를 지금보다 못 읽을 때의 일이다. 꽤 늦은 시각, 어떠꺼 시장에서 끌렁떠이까지 가기 위해 늘 애용했던 136번 버스를 탔는데, 버스가 랏차다를 지나 아속 방향으로 직진을 하지 않고 갑자기 좌회전을 하는 것이다. 다행히 익숙했

빨간 안내판에 쓰여 있는 태국어가 '차고지행'이라고 쓴 것인데, 버스가 많이 낡은 터라 고장 등으로 인해 차고지로 가는 중일 수 있으므로 버스에 타기 전 꼭 행선지를 말하고 타시기 바란다.

던 경로였던지라 노선을 벗어난 것을 금방 인지하고는 차장 '아저씨'에게 ─ 가끔은 차장 아줌마가 아니라 아저씨가 타기도 한다 ─ 왜 아속 방향으로 가지 않느냐고 물었더니 하루 종일 일이 힘들었는지 아무 말

없이 손가락으로 운전기사 좌측으로 버스 앞면에 게시된 빨간 안내판을 가리킨다.

그러고는 버스를 세워 필자를 내려 줬는데, 지시판에 뭐라고 쓰여 있었는지 알고 싶어 내리자마자 버스 앞으로 가서 빨간 안내판을 보려고 했지만, 순식간에 떠나가 버려 읽을 수가 없었다.

버스 정류장도 아닌 중간에 내려 준 터라 갈아탈 만한 다른 버스조차 없어 어쩔 수 없이 잘못 온 방향을 되짚어 한참을 걸어 나와 큰길을 마주할 수 있었고 다음 버스를 타고는 무사히 숙소로 돌아올 수 있었다.

나중에 유난히 친절한, 다른 노선의 차장 아줌마와 대화를 나눌 수 있는 기회가 있어 이 황당한 상황에 대해 이야기를 나누었는데, 차장 아줌마의 말은 차고지로 들어간다고 썼을 거라는 것. 한국 같으면 여러 이유로 더 이상 노선 운행을 하지 못할 경우, 노선을 벗어나기 전에 차를 멈추고 승객들을 버스 안에서 기다리게 한 다음, 동일 노선의 다음 차가 오면 옮겨 타도록 배려하겠지만, 태국의 버스는 한국 사람으로선 당연하게 생각되는 서비스는 베풀지 않는다. 태국어라 할지라도 어쨌든 차고로 간다고 써 놨으니 차고로 들어가는 거고 태국어지만 단어를 못 알아보고 목적지를 가는지 묻지도 않고 버스를 탄 것은 그 사람의 사정일 뿐이다.

그 사건 이후로 필자는 방콕에서 버스를 타는 경우 뻔히 아는 노선의 버스라 할지라도 돈을 내기 전에 꼭 목적지를 말하고 탑승하는 습관이 생겼다. 이 글을 읽는 독자께서도 방콕에서 버스를 탄다면 타기 전이나 돈을 내기 전, 꼭 목적지를 말씀하시기 바란다. 태국 버스는 문제가 생겼을 때 승객들이 다음 버스로 옮겨 타게 배려하지는 않지만, 버스를 잘못 탔다면 한두 정거장을 왔다고 야박하게 돈을 따져 받지 않고 쿨하게 다음 정류장에 내려 주니 말이다.

아참, 태국에서 버스를 탔고 돈을 냈다면 구형 버스의 경우 10바트 동전만 한 네모난 차표를 주고, 신형 버스의 경우 차장이 단말기에서 차표를 인쇄해서 건네주는데, 버스에서 내릴 때까지 되도록 이 표를 버리지 말고 가지고 있으시기 바란다. 가끔 기억력이 떨어지는 차장의 경우 돈을 받았는지 안 받았는지 헷갈려서 표를 보여 달라고 할 때도 있고, 드물지만 노선이 긴 버스의 경우 중간에 새로운 차장으로 교체 탑승하는 경우도 있기 때문이다. 또 가끔은 버스 업체에서 나온 검표원이 중간에 함께 탑승하여 차장이 돈을 받고 표를 잘 내줬는지를 확인하기 위해 승객들에게 표를 보여 달라고 요구하는 경우도 있다.

파란색 신형 에어컨 버스가 아닌, 구형 버스에서는 버스 요금을 내면 사진과 비슷한 버스표를 주는데 간혹 버스 회사에서 나온 검표원이 검표를 하거나 새로운 차장이 타서 확인하는 경우가 있으므로 목적지까지 버리지 않고 가지고 있는 것이 좋다.

아무쪼록 방콕의 명물 중의 하나인 버스로 인하여 독자님들의 방콕 여행이 한층 더 즐거워지실 수 있기를 바라 본다.

17
16시간? 뭘 그까이 걸 가지고

　한국 관광객이 일본 여행을 하고 나서 새삼 놀라게 되는 순간이 있다. 그저 남북한을 합친 크기 정도라고 생각해 별로 크다고 느끼지 못했던 일본이 생각보다 엄청 넓다는 사실을 깨닫게 되는 순간이다. 한국의 면적이 1,004만 ha고 북한의 면적이 1,205만 ha니까 남북한을 합친 면적이 2,209만 ha에 그치는 데 반해, 일본의 면적은 3,779만 ha로 남북한을 합한 크기에 약 1.5배에 달하는 넓은 땅이기 때문이다.

　그런데 태국의 면적은 5,131만 ha로 그처럼 넓은 일본에 비해 또다시 1.4배가 넓다. 남북한을 합친 넓이와 비교하면 무려 2.3배가 넘는다. 단순히 대한민국의 면적과 비교하면 5배 넓은 면적이다. 본의 아니게 여러 번 이야기하게 되지만 참 큰 나라, 태국이다.

　나라가 엄청 넓다 보니 한국과 정말 다른 점이 하나 있는데, 태국 사람들이 하루에 열 시간 넘게 운전하기를 주저하지 않는다는 점이다.

　물론 넓은 국토다 보니 인적, 물적 이동을 원활하고 신속하게 하기 위해 여러 도시에 공항을 만들어 놓았지만, 공항이 많고 편리하다고 누구나 쉽게 이용할 수 있는 건 아니다.

168　당신의 태국 여행을 10배 재밌게 만들어 주는 책

필자가 방콕에서 핏사눌록으로 가기 위해 탔던 Air Asia의 A320 기종 기체 내부. 태국은 땅이 넓어 중소 도시마다 거점 공항이 많고 Air Asia는 태국 내에서 저렴한 국내선 비행 편에 속하지만, 아무리 저가 항공이라고 해도 식구가 많을 경우 금액이 만만치 않아 고속버스나 기차, 자차 등을 보다 많이 이용하는 편이다.

일례로 아이 셋이 있는 일가족이, 현재 살고 있는 남쪽 푸켓에서 아내의 고향인 중동부 지역에 위치한 부리람까지 가야 한다고 치자. 푸켓 공항에서 부리람까지 국내선 비행기를 타면, 방콕을 경유하더라도 공항까지의 왕복 이동 시간까지 합쳐서 여섯 시간 남짓이면 충분히 목적지에 닿을 수 있지만, 다섯 식구가 비행기를 타기에는 생각보다 많은 돈이 든다. 거기에 고향에 갈 때 가져갈 이런저런 짐이 더해지면 공항까지 가서 짐을 부치고, 도착지 공항에서 다시 짐을 찾아 마중 나온 가족의 차 등에 옮겨 싣고 하는 일련의 과정 전반은 고행에 가깝다.

그렇기에 특히 아이가 있는 가족의 경우 아예 새벽 3시쯤 일어나 한 차에 모든 것을 때려 넣고 자동차를 가지고 목적지로 출발한다. 푸켓에서 부리람까지 거리는 약 1,200km, 구글맵으로 찍으면 운전하는 시간만 16시간 정도가 나오는 긴 경로다. 게다가 군데군데 로드 컨디션이 좋지 않은 구간도 있고 주유를 하거나 중간에 잠깐 쉬기도 해야 하니 한두 시간은 더 늦어지기 마련이다. 새벽 3시에 출발해 밤 9시까지 하루에 18시간 운전이라니! 우리로서는 불가능하다고 생각이 드는 긴 운전이지만, 태국 사람들은 그 긴 운전을 그렇게 부담스러워하지 않는다.

처음 태국인 친구가 자신의 고향까지 아내와 아이들을 한 차에 태우고 하루 16시간을 운전해서 갔다고 했을 때 정말 생경하게 느껴졌다. 한국 사람으로 태어나 작은 한반도, 그것도 남단에만 국한하여 살다 보니 어느덧 6시간이 마음속에 하루 운전 한계 시간으로 자리 잡고 만 것이다. 상황이 어떻든 그저 여섯 시간 정도를 운전하면 하루 운전 끝. 딱 서울에서 부산 정도까지 갈 수 있는 시간이다.

그래서 처음 필자가 방콕에서 치앙마이를 차로 운전해서 올라갈 때는 약 1/3 지점인 차이낫에서 1박을 하고, 다시 치앙마이와의 중간 지점에 해당하는 수코타이에서 1박, 그리고 3일째 치앙마이에 도착하는 식으로 나누어 운전을 했다. 총거리에 대한 순수 운전 시간은 10시간 남짓, 킬로수로는 고작 700킬로 정도의 그렇게 길지 않은 거리임에도 2일에 나누어 운전하는 것이 벅차게 느껴져 3일에 걸쳐 운전해 올라갔었는데, 그럼에도 처음엔 충분히 벅차고 피곤하게 느껴지는 여정이었다.

태국 사람들이 가장 편하다고 생각하는 버스 브랜드인 NCA Nakhon Chai Air. 흔히 '나콘차에'라고 부르는 이 브랜드 버스는 태국 사람들이 장거리를 여행할 때 많이 애용하는데, 밤새 잠을 잘 수 있도록 모포와 간단한 간식까지 제공함에도 하부 트렁크에 오만 잡다한 것을 가득 싣다 보니 소음이 너무 심해 예민한 분들은 잠을 청하시기 어려우실 수도 있다.

태국의 연휴를 앞두고 차량이 증가하여 신호 대기 중인 차로 밀리는 나콘사완 V-스퀘어 앞 사거리. 식구가 많은 경우엔 경비 절감 등의 이유로 모두가 한차에 타고 하루 종일 이동하는 일이 흔하다.

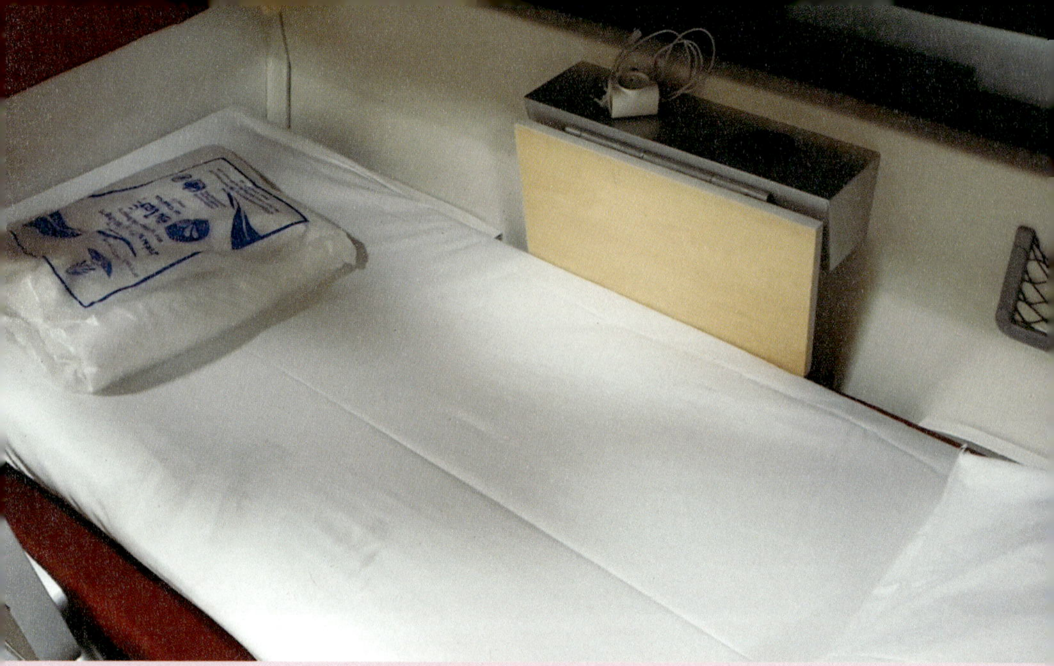

태국 슬리핑 기차의 내부. 고속버스의 소음이 비정형화된 소음이라면 기차 소음은 그래도 일정한 박자가 있는 편이라 필자는 자면서 이동할 때 버스보다는 기차를 애용하는 편이다.

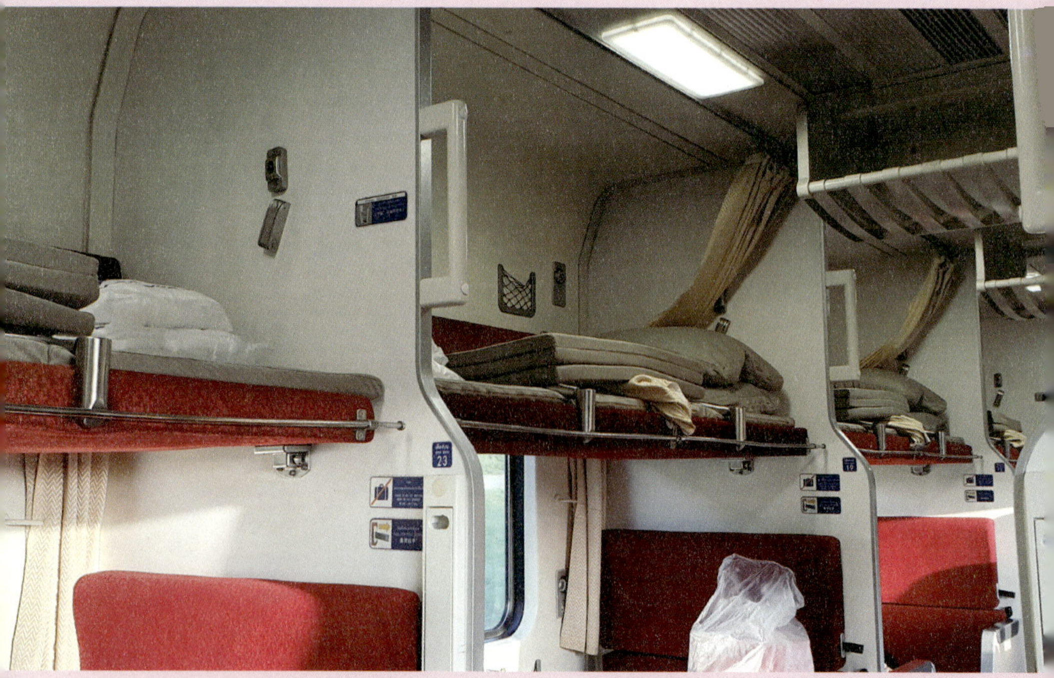

아침을 맞아 일부 정리가 완료된 태국 슬리핑 기차의 내부. 노련한 차내 승무원으로 말미암아 좌석에서 침대로, 침대에서 다시 좌석으로 바꾸는 일이 비교적 신속하게 이루어진다.

중국이 라오스까지 고속철도를 놓다 보니 라오스의 주요 도시 간 이동이 상당히 편리하고 빨라졌다. 라오스도 라오스지만, 고속철도 도입이 필요한 나라 중 하나가 바로 태국이다. 신칸센이든 KTX든 태국이 고속철도를 도입해서 도시 간 육로 이동이 신속해진다면 태국 내에서 굳이 비행기를 타거나 긴 운전을 하는 일은 앞으로 줄어들 것이다. 물론 현재의 완행 슬리핑 기차도 운치 있고 나름 만족스러운 수단이긴 하지만, 태국 여행이 보다 활성화되기 위해서 고속철도도 병행 운행된다면 좋겠다. 그런 날이 오길 바라 본다.

18
옷을 갈아입는 나무

    태국에 처음 여행을 온 사람이라면 저절로 눈이 가는 것이 있다. 바로 집집마다 있는 제단, '싼 프아품' 혹은 '싼 짜오 티'이다.

장식이 되기 전의 싼 프아품의 모습. 태국엔 신을 섬기기 위한 제단이 참 많다.

    무슨 목적으로 만든 것인지 모르고 봐도 대부분 음료수나 꽃 같은 것이 놓여 있는 모습으로 미루어 '아, 어떤 숭배의 목적으로 만들어진 제단이구나.'라는 생각이 들게 되는데, 그 크기나 모양도 참 다양하다.

    왜 이처럼 태국에는 신을 섬기는 제단이 많은 걸까? 사실 우리네 조상들도 열심히 신에 의지하며 살아왔다. 소위 민간신앙에서는 사람이 거주하는 집 인근에 많은 신들이 공존하고 있다고 여겼는데, 집안을 다스린다는 '성주신'을 비롯해 부엌을 관할하는 '조왕신', 대문에서 집을 지키는 '수문신', 화장실에 '측신', 집터에 사는 '터주신' 등이 그것이다. 그러한 신에 대한 믿음과 더불어 옛날부터 전해져 온 크고 작은 규칙들, 그러니까 '문지방을 밟으면 안 된다'처럼, 근거는 없지만 아예 정설처럼 굳어 버린 여러 제한들이 더해져 우리 역시 얽매인 삶을 오랫동안 살아오지 않았는가? 그러다가 한국 전쟁으로 아예 삶의 터전 자체가 송두리째 파괴되고, 이후 경제 발전으로 하루가 다르게 도시가 발전하고 과학 기술이 고도화되면서 더는 그러한 믿음에 대한 필요나 의미를 갖지 않고 살다 보니 빠르게 잊혔을 뿐이지 딱히 기댈 곳을 찾지 못했던 과거 우리 조상들도 제단 대신 정화수를 떠 놓고 집안 여기저기서 많은 신을 찾아 빌고, 의지하며 살아왔으리라.

처음 태국이란 나라에 발을 디뎠을 때, 집집마다 있는 크고 작은 제단의 모습은 필자에겐 생경함을 넘어 부담으로 다가왔다. 마치 버려진 집을 들어갔는데, 귀신 쫓는 부적이 여기저기 덕지덕지 붙어 있으면 그 부적이 귀신이 있다는 사실을 알리는 증거처럼 여겨져 무서운 마음이 들게 되는 것처럼, 집집마다 있는 제단들이 마치 이 나라에 많은 신들이 있음을 웅변하고 있는 것처럼 생각되었기 때문이다. 지금은 태국을 내 나라처럼 다니다 보니 '싼 짜오 티'나 '싼 프아폼'에 처음보다는 많이 무감각해졌지만 말이다.

그런 필자에게도 여전히 큰 부담을 주는, 적응이 잘 안되는 장면이 하나 있는데, 바로 나무 옆에 옷을 걸어 놓은 풍경이다.

처음 이런 모습을 본 것은 2010년경으로 기억하는데, 태국의 한 지방 도시에 위치한 숙소에서였다. 늦은 저녁 리조트에 도착해 정문을 통과하자마자 있는 주차장에 차를 대려는데, 바로 앞으로 큰 나무가 서

있고 양옆으로 옷들이 쫙 걸려 있는 모습은 기분이 나쁘고 좋고를 떠나 매우 의문을 자아내는 모습이었다.

'아니, 나무에 왜? 혹시 리조트에서 일하는 분들이 옷을 말리려고 걸어 놓은 걸까? 근데 왜 밤까지 옷을 걸어 놨지?'

자세히 보니 세탁을 한 옷으로 보이진 않는다. 낡은 옷도 아니고 대부분 비닐 포장까지 되어 있는 입지 않은 옷들이다. 궁금함을 애써 참으며 주차를 하고는 리셉션으로 가서 체크인을 마친 후, 아까 본 장면이 궁금하여 옷이 걸렸던 방향을 손가락으로 가리키며 물어보려는데, 리셉션 직원이 화들짝 놀라며 나무를 가리키려는 필자의 손을 잡으며 말한다.

"손님, 그렇게 손가락으로 가리키시면 안 됩니다 카!"

그랬다. 그 나무는 신성한 나무로 좌우에 있는 옷들은 그 나무에 바쳐진, 일종의 '공물들'이었던 것이다.

신성시된 나무와 그 나무에 바쳐진 옷들. 방콕을 비롯한 여러 도시들에서 어렵지 않게 볼 수 있다.

날이 밝은 후 나무에 대해서 좀 더 자세한 내용을 들을 수 있었는데, 큰 나무라고 해서 다 이런 특별한 대접을 받는 건 아니란다. 어떤 나무는 작아도 이런 대우를 받는 나무도 있다는 것. 어떻게 해서 그런 나무로 등극(?)할 수 있냐고 했더니 주로 현몽처럼 사람의 꿈에 나와 뭔가를 알려 주는 형태로 도움을 주거나 해서 신성시되기 시작한단다.

태국을 다니다 보면 어렵지 않게 이와 같이 옷이 걸린 나무를 볼 수 있다. 후웨이꽝Huai Khwang 역 인근의 좁은 골목길을 비롯해 방콕의 여러 곳에서도 쉽게 옷이 걸린 나무를 볼 수 있다.

오랜 기간 민속학과 무속 연구를 하시다 작고하신 서정범 교수님이 보셨다면 매우 관심을 가지셨을 태국의 '옷이 걸린' 나무. 혹시 태국의 어느 거리를 지나다 이런 나무를 만나게 된다면 너무 놀라진 마시라. 그나저나 지금까지 본 어느 곳에 있는 옷을 바친 나무든지, 옷들이 주로 여성복인 걸 보면 신성시되는 나무는 주로 암나무가 아닌가 싶다. 아닌가? 수나무의 기분을 좋게 해 주기 위해 여성복을 바친 걸까? 왜 주로 여성복이 걸려 있는지 그건 필자도 잘 모르겠다.

각자의 방식으로 소원을 빌고 있는 태국 사람들. 태국 각지를 다니다 보면 널리 알려진 특정한 종교 외에도 여러 대상을 향해 정성을 다해 기도하는 태국 사람들을 흔히 보게 된다. 아마도 태국 사람들은 성경에 묘사된 아테네 사람들처럼 범사에 종교성이 많은 사람들인 듯하다.

19
방콕에서 갑자기 바다가 보고 싶다면

 한 번도 안 가 본 사람은 있어도 한 번만 가 본 사람은 없다는 태국. 태국의 관문이라고 할 수 있는 방콕을 떠올리면 무엇이 제일 먼저 떠오르는가? 짜오프라야강? 왕궁? 카오산로드? 왓아룬? 킹파워 마하나껀? 아이콘 싸얌? 아시안티크? 아니면 싸얌 파라곤이나 터미널 21?

 워낙 태국이라는 나라가 한국에 잘 알려지기도 했고 수많은 여행 유튜버들로 말미암아 이런저런 장소가 핫 플레이스로 소개된 터라 심지어 태국을 가 보지 못한 사람이라도 웬만큼 여행에 관심이 있다면 방콕의 한두 장소쯤은 가 본 것처럼 말할 수 있는 곳, 그런 곳이 바로 방콕이요, 태국이다.

 시간만 주어진다면 누구나 한 달이든 두 달이든 방콕은 물론, 아름답다고 소문난 태국의 여러 도시들에서 머물며 지내 보고 싶은 마음이 들겠지만, 태국을 여행하는 한국인 여행자는 대부분 여행 기간이 고작 한두 주에 불과한 단기 여행자가 많다.

 그럼 그 주어진 짧은 시간, 어디를 가야 할까? 물론 앞서 열거한 방콕의 여러 장소들은 전 세계 여행자들이 제일 많이 찾는 핫 플레이스들

방콕의 명소 중 하나인 왓아룬. 태국, 특히 방콕의 명소들은 방송이나 유튜브 등을 통해 워낙 국내에 잘 알려져 있어 태국을 가 보지 못한 사람도 언급할 수 있을 만큼 유명하다.

이다. 당연히 많은 사람들이 찾는 데다 볼 것도, 먹을 것도 많으니 처음 방콕을 방문했다면 한 번쯤 가 보지 않을 수 없다.

하지만 두세 번째 방콕 여행이라서 그런 장소들이 뻔하다면 어디를 좀 더 가볼 수 있을까? 아니면 여행도 여행이지만 SNS에 올릴 개성 있는 사진을 찍을 만한 장소를 찾고 있다면 어디가 좋을까?

그런 독자님께 방콕 시내에 위치한 '짐 톰슨 하우스'나 '국립 방콕 박물관'을 추천해 본다. 이 두 곳은 한국인 여행객들이 다른 곳에 비해 상대적으로 덜 가는 곳인데 왕궁처럼 많은 관광객들 사이에서 스트레스 받는 일 없이 태국 냄새가 가득한 좋은 사진을 비교적 쉽게 얻을 수 있다.

한국 관광객들이 많이 찾지 않는 방콕 국립 박물관 실외 전시실에 소장된 금빛 찬연한 가마의 모습. 방콕에 처음 왔다면 왕궁은 꼭 한번 가 봐야겠지만 늘 많은 인파들로 북적이는 곳인 데다 혹 전에 가 본 적이 있다면 왕궁보다 방콕 여기저기에 위치한 박물관이나 전시관들을 적극 방문해 보시기 바란다.

한국 관광객들이 의외로 잘 가지 않는 짐 톰슨 하우스. 태국의 실크 산업 발전에 크게 기여한 짐 톰슨은 20세기 중반, 당시 200년 이상 된 태국 전통 가옥을 아유타야 등에서 분해하여 옮겨다가 집을 지었기에 외부에서 전통 의상을 빌려 입고 방문한다면 태국 분위기가 물씬 풍기는 배경을 바탕으로 특별한 사진을 찍을 수 있는 곳이다.

물론 필자는 태국을 좀 더 능동적이고 다채롭게 즐길 수 있도록 책의 서두에서 차를 빌려 아유타야라든지 후아힌이라든지, 라용, 꼬사멧, 깐짜나부리, 짠타부리, 꼬창 등 방콕 인근의 도시나 섬을 보고 오실 것을 권해 드린 바 있지만, 아직 운전면허가 없거나 면허는 있지만 한국에서도 운전이 서툰 관계로 렌트를 하여 태국에서 운전을 한다는 것이 영 엄두가 나지 않는다면 어떻게 하면 좋을까?

그런 독자님들께 '사뭇쁘라깐'을 추천한다. 사뭇쁘라깐은 경계상 방콕시와 인접한 시(市)로 전망대를 비롯해 고대 유적을 일정한 스케일로 축소해 놓은 무앙보란, 에라완 박물관 같은 여러 볼거리도 있고 무엇보다 바다와 접해 있다. 한국에서 수도권 지하철 4호선을 타고 끝자락인 '오이도역'에 가면 바다를 만날 수 있는 것처럼, 접근성이 좋아 방콕에서 BTS를 타고 가면 어렵지 않게 바다를 만날 수 있는 것이다.

2025년 1월 기준, BTS는 일일권을 판매한다. 아침 일찍 구입하면 당일 내 몇 번이든 반복해서 탈 수 있다. 게다가 BTS는 한국의 수도권 지하철이 경기도 인근의 춘천이나 천안까지 경계를 확장하여 운행하고 있는 것처럼, 현재 외곽까지 경계를 넓혀 확대 공사 중이어서 일일권을 끊으면 과거보다 가 볼 만한 곳이 많아지고 있다.

가는 방법은 되도록 일일권을 사서 '게하(Kheha)역'으로 이동한다. 게하 역에서 내리면 멀지 않은 곳에 사뭇쁘라깐 바다가 펼쳐지는데, 역에서 직선거리로 3km 남짓이므로 필자처럼 걷는 걸 좋아하는 분이라면 역

방콕 인근 사뭇쁘라깐의 식당 '사일롬 방 푸'. 파타야나 라용까지 이동하는 수고를 하지 않고도 쉽게 바다를 벗 삼아 색다른 시간을 보낼 수 있다.

에서 내려 바닷가까지 걸어갈 수도 있다. 바닷가에는 전망이 끝내주는 여러 레스토랑이 있으니 바다도 보며 맛있는 식사도 함께 즐겨 보시기 바란다.

또 소셜 미디어 등에 올릴 태국 냄새가 물씬 풍기는 사진을 얻기 위해 아유타야나 수코타이로 직접 가서 사원과 불상, 탑 등을 배경으로 사진을 찍고 싶지만 일정상 갈 수가 없다면 이 또한 걱정하지 마시라. 역시 게하역에 내려 36번 썽태우를 타고 조금만 가면 태국의 여러 고대 도시의 유적들을 일정한 스케일로 줄여서 만든 '무앙보란 공원'이 있다. 얼마나 넓은지 골프 카트를 빌려서 다녀도 2~3시간은 되어야 다 볼 수 있다. 패키지 티켓을 끊으면 가까이에 위치한 '에라완 박물관'도 함께 볼 수 있다.

이른바 고대 도시처럼 꾸며 놓은 '무앙보란'의 건축물들. 너무 넓어서 걸어서 다 보기엔 힘드니 카트를 렌트하여 둘러보시기 바란다.

에라완 박물관 메인 건물 맨 꼭대기 불상 앞에 바쳐진 지폐와 동전들. 태국 바트와 중국 위안화 사이에 한국 천 원짜리가 떠억!

그에 더해 방콕의 아래쪽 전망을 내려다볼 수 있는 '사뭇쁘라깐 타워'
도 추천한다. 가는 방법은 게하역의 네 역 전인 '빡남$_{Paknam}$역'에 내리면
타워가 바로 보이므로 타워를 향해 걸어가면 된다. 전망대 2층의 전시
실에서는 시간을 잘 맞춰 가면 사뭇쁘라깐이 어떻게 발전했고 어떤 비
전을 가지고 발전해 나갈 것인지 입체적이고도 꽤 재미있는 방법으로
소개하고 있어 자녀와 함께 간다면 태국에 대한 이해를 좀 더 도울 수
있을 것으로 생각된다.

빡남역에서 바라본 사뭇쁘라깐 타워의 모습. 전망대에 올라가면 방콕 남동부 지역의 모습을 한눈
에 내려다볼 수 있다.

사뭇쁘라깐보다는 접근성이 다소 떨어지지만, 파타야나 라용보다는
방콕에서 훨씬 가까워 상대적으로 쉽게 갈 수 있는 바다도 있다. 촌부
리주 방센에 위치한 '방센 비치$_{Bang\ Saen\ Beach}$'인데 사뭇쁘라깐과 남쪽인
파타야 사이 중간 정도에 위치한 곳이라 방콕에서 볼트나 그랩을 이용
하거나 에까마이 터미널에서 버스를 이용하면 쉽고 저렴하게 접근 가
능하다.

방센 비치 인근에는 규모는 크지 않지만, 부라파 대학교 해양 과학 연구소에서 운영하는 수족관과 '보라보라 방센'처럼 해변을 끼고 운영하는 예쁜 식당과 브런치 카페들이 매우 많다. 방센 아래쪽 방파라~Bang Phra~ 역시도 그와 같은 예쁜 풍경을 즐길 수 있는 여러 장소들이 많아 어렵지 않게 아름다운 남국의 정취를 만끽할 수 있다.

방센의 부라파 대학교 해양 수족관. 오키나와 츄라우미 수족관에 비할 바는 아니지만, 그런대로 아이들이 좋아할 만한 여러 수중 생물들이 있으니 아이들과 방센에 방문한다면 꼭 들러 보시기 바란다.

방파라 'Hide Out Cafe'에서 찍은 사진. 촌부리주 방센과 인근 방파라에는 보라보라 방센을 비롯해 바다를 끼고 운영 중인 여러 시푸드 레스토랑과 브런치 카페 등이 있어서 쉬며 즐기기에 매우 좋다.

파타야에서 찍은 낚싯배. 촌부리주에 속한 파타야나 방센, 방파라까지 나올 필요도 없이 BTS를 타고 사뭇쁘라깐만 나와도 탁 트인 바다 전경을 볼 수 있으므로 방콕에서 갑자기 바다를 보고 싶은 마음이 들었다면 언제든 BTS를 타고 움직여 보시길.

지금도 MRT와 BTS 라인은 계속 확장되고 있다. 방콕의 이름난 명소에서 많은 관광객과 뒤엉켜 뻔한 관광은 이제 그만! 조금만 발품을 팔아 보자. 전동차나 기차의 도움을 받으면 사뭇쁘라깐이나 방센, 논타부리 같은 방콕 인근의 도시들이 당신의 방콕 여행을 더욱 풍요롭게 만들어 줄지 모른다. 아니면 BTS를 타고 Wongwian Yai역에서 내려 같은 이름의 기차역으로 가서 Maha Chai행 기차를 타면 '사무삭혼'도 가볼 수 있는데, 전혀 포장되지 않은 순수한 태국 사람들의 날것 그대로의 삶을 만날 수 있다. 큰돈 들이지 않고서 말이다.

사무삭혼의 Tha Chalom 선착장에서 배가 접안되기를 기다리는 태국 사람들. 방콕을 조금만 벗어나도 태국 사람들의 날것 그대로의 삶을 만날 수 있다.

아들네로 가기 위해 함께 기차 여행 중인 태국 노년 부부. 여행 기간만 길다면 때론 정처 없이 편도 티켓을 끊고 완행열차를 타 보는 것도 태국에 대한 좋은 추억을 더해 줄 것이다.

20
당신의 방콕, 오늘도 길이 막히는 이유

바다가 보이는 남도에서 태어나 그곳에서 평생을 살아온 친구가 수년 전, 일도 보고 필자도 만날 겸 날을 잡아 서울로 올라온 적이 있었다. 일을 마친 다음 날, 올라온 김에 도심의 남산과 북촌, 명동을 비롯해 코엑스와 강남 일대를 구경시켜 주고는 저녁을 함께하고 있는데 친구가 웃으며 뜻밖의 말을 건넸다.

"야, 난 여기 살라고 해도 못 살겠다."

"왜? 바다가 보이지 않아서 답답하니?"

"아니, 그게 아니고 차가 너무 막혀. 그게 적응이 안 돼."

그 친구는 KTX로 올라왔고 하루 종일 운전은 필자가 했음에도 옆에 앉아서 바라보는 서울의 거리는 무척이나 답답했나 보다. 서울이나 수도권에 사는 사람들에게 출퇴근 시간이나 주말의 교통체증은 일상 같은 일인데 말이다.

만약 그 친구가 방콕의 교통체증을 마주한다면 어떤 반응을 보일지 궁금하다. 방콕의 교통체증은 정말 전 세계적으로 유명한데 말이다. 어쩌면 푸념 정도가 아니라 좀 과장해서 공황장애가 오거나 답답증으로 급성 심정지가 올지도 모르겠다.

아무리 차가 심하게 막혀도 서울과 수도권의 교통체증은 신호가 바뀌면 한두 대의 차라도 빠진다. 신호 두세 번을 기다리면 어지간한 교차로는 지날 수 있다.

그런데 방콕의 교통체증은 아주 심한 경우 거의 30분간 500m도 못 움직이는 경우도 있다. 아니, 그렇게라도 조금씩 움직일 수 있으면 그나마 다행이다. 정말 재수 없으면 유턴이나 빠져나가는 길이 없는 일방통행 길에서 40분 넘게 그냥 서 있어야 하는 경우도 있다.

왜일까? 방콕의 거리는 무슨 이유로 그렇게 막히는 걸까?

한국에선 차가 막히면 흔히 운전자가 이렇게 생각한다.

'차가 이렇게 막히는데 도대체 경찰은 뭐 하는 거야?'

그런데 많은 경우, 태국에서 차가 막히는 이유는 놀랍게도 '경찰' 때문이다. 무슨 사고가 나거나 교통 통제가 필요한 상황이 아니라면 차라리 경찰이 없는 경우 차들이 알아서 오고 가기 때문에 차가 안 막힐 수도 있는데, 아무 문제도 없는 상황에서 경찰이 길에 등장해 서 있으면 운전자들이 혹 딱지라도 떼일까 싶어 조심 운전을 하다 보니 길이 막히게 되는 것이다.

야간에 음주, 헬멧 착용 등 법규 위반을 단속 중인 태국의 경찰들. 경찰이 있으면 딱지 끊길까 봐 조심히 운전하기 때문에 일시적으로 길이 막히는 경우가 있다.

또 다른 이유는 방콕 도심의 구조적인 문제다.

우리는 도심의 경우 전철을 지하화한 반면, 방콕은 길이 많이 막히는 도심인데도 지상철이 지나간다. 그러다 보니 유턴을 위해서는 지상철을 떠받치고 있는 지지 기둥이 없는 특정한 구간까지 가야 유턴이 가능하고 그렇게 이동하는 과정에서 유턴하는 차와 직진하는 차가 서로 엉키기 일쑤다.

그뿐만 아니라 지상철이 지나가는 경우 길이 막히는 구간에 입체 교차로를 공사하기가 매우 힘들다. 그처럼 교통 체증이 심한 곳에 개선을 위한 시설물을 보완하기가 어렵다 보니 세월이 지나도 만성 교통 체증

구역을 전면적으로 개선하기 어려운 구조적인 문제가 발생한다.

세 번째 이유는 로열패밀리(왕족) 등의 이동 때문이다.

에까마이역 주변 길이 로열패밀리 이동 전, 경찰들에 의해 사전 통제되고 있는 모습. 로열패밀리가 지나가는 순간은 더 많은 수의 경찰이 엄격하게 통제하기 때문에 사진을 찍을 수가 없다.
이렇게 통제가 시작된 지 약 20분이 더 지나서야 공주이신 전 라마 9세 왕의 따님이자 현 라마 10세 왕의 누님이 지나가셨다는.

태국에서 로열패밀리는 수가 꽤 많다. 현 라마 10세 및 아버지 라마 9세 왕의 관련 가족들 모두 로열패밀리다. 전 세계 왕가 중에 가장 부유한 왕가로 알려진 태국 왕가. 그들이 이동할 때는 경찰들에 의해 경로가 엄격히 통제되는데, 차량이 유입되는 길을 모두 막기 때문에 앞서 얘기한 것처럼 일방통행 길에서 이런 상황을 만나면 기본 20~30분은 그냥 길에 서 있어야 한다. 필자는 과거에 택시를 탔다가 몇 번 이런 상황을 만난 적이 있는데, 한 번은 완전히 멈춘 상황에서 한참을 기다려야 했을 뿐만 아니라 200바트면 충분할 거리를 400바트 넘게 줘야 했다.

이 외에도 태국은 오토바이의 나라라고 해도 될 만큼 오토바이가 많다. 버스에, 트럭에, 택시에 자가용만 뒤엉켜도 어느 나라, 어느 도시라도 대부분 길이 막히기 마련인데 여기에 오토바이와 툭툭이까지 더해지니 특정 시간에 길이 엄청 막히게 되는 건 어쩌면 당연한 결과다.

자, 지금 방콕에서 차량 이동 중인데 길이 막힌다. 길이 꽉 막혀 있지만 아주 조금씩은 차들이 앞으로 나가며 내가 타고 있는 차 역시 어렵게 어떤 지점을 지났다면 혹시 경찰이 서 있지는 않나 살펴보자. 경찰이 있다면 경찰 때문에 일시적으로 막혔던 거고 경찰이 없다면 원래 교통 흐름이 안 좋은 곳을 지난 것이다.

근데 잠깐 막히는 게 아니라 상당한 시간 동안 움직일 생각도 안 하고 심지어 택시 기사가 기어를 아예 P에 놓고 휴대폰을 보기 시작한다고? 그렇다면 아마 독자님의 앞쪽으로 태국 왕족께서 지나가시는지도 모르겠다. 어쩌겠는가? 축구 경기에서 심판의 오심도 경기의 일부이듯, 방콕의 트래픽 잼도 방콕의 일부인 것을….

퇴근 무렵 방콕 Exchange Tower와 터미널 21 사이의 고가보도에서 찍은 사진. 펫차부리 인근 외곽 유료 도로로 나가거나 랏차다 방향으로 직진하려는 차들과 오토바이가 서로 뒤엉켜 퇴근 시간이면 언제나 '차산차해'를 이룬다.

21 오빠 아프면 병원을 가요

    십여 년 전 강남스타일이 한참 유행하고 있을 때, 필자는 때마침 오사카에 있었다. 주말을 맞아 공원 벤치에 앉아 쉬고 있었는데, 15세쯤 되어 보이는 일본 학생 대여섯 명이 강남스타일을 틀어 놓고는 두 손을 앞으로 모으고 발을 좌우로 까불며 싸이의 춤을 맹연습하기 시작했다. 그땐 아직 K-POP이라는 단어도 없었고, 아무도 생각하지 못했던 싸이의 대성공이었기에 그런 세계적인 관심을 그저 어쩌다가 대박이 난 행운 정도로 치부하는 분위기가 대부분이었다.

    하지만 이후 「오징어 게임」, 영화 「기생충」과 「미나리」, 그리고 BTS와 뉴진스, 블랙핑크 등이 글로벌 히트하면서 소위 K-문화, K-POP이 세계적인 대세로 굳어지게 되었는데, 한국 대중음악이 빌보드 차트 100위 안에만 들어도 떠들썩하던 옛날을 떠올리면 큰 격세지감을 느끼지 않을 수 없다.

    한참 「오징어 게임」이 히트했을 때 방콕의 쇼핑센터로 나가 보면 대학생들이 「오징어 게임」 복장을 하고 핀을 가지고 줄기차게 달고나를 뽑고 있었다. 그런 분위기는 음식 문화로도 이어져 맵부심 있는 우리 한국 사람도 먹을 때 땀 좀 빼게 만드는 '불닭볶음면'이 인기를 끌기도 했고, 새로 생기는 방콕의 새로운 쇼핑센터에는 한국 레스토랑이나 한국 간식을 함께 파는 코너가 입점하는 것이 대세로 굳어지게 되었다. 이제 새로운 시즌의 「오징어 게임」이 발표되었으니 한국 문화가 또다시 큰 호응을 얻을 수 있지 않을까 기대된다.

「오징어 게임」이 큰 인기를 얻고 있을 때 방콕의 대형 쇼핑몰을 나가 보면 죄다 바늘을 들고 달고나를 긁고 있었다. 이제 시즌 2의 영향으로 비석치기나 공기놀이가 세계적인 놀이로 떠오르는 건 아닌지 모르겠다.

이처럼 태국에서 한국의 대중문화가 좀 더 친근하게 다가설 수 있는 것은 그간 양국 간의 좋은 선린 관계는 물론, 닉쿤이나 리사, 뱀뱀 같은 태국인들이 한국 걸 그룹이나 보이 그룹의 멤버 중 하나로 활동했던 것이 한몫을 하지 않았나 생각된다. 나아가 여러 OTT 플랫폼을 통해 한국 드라마가 수출되다 보니 태국인들의 한국에 대한 이미지가 엄청나게 좋아지게 된 것은 물론이다.

상황이 이렇다 보니 태국 젊은이들을 중심으로 취업 비자를 받아 한국에 정착하는 것이 대단한 성공으로 인식되기에 이르렀다. 이 성공 공식의 첫 번째 관건은 바로 한국어 공부! 이를 위해 태국의 여러 지역에서 한국어를 공부할 수 있는 사설 교육 기관이 생겨나고 있는데, 그 중 상당수 기관에는 원어민인 한국인 선생님이 없고 과거 한국에서 체류하거나 태국 대학에서 전공하며 익힌 한국어 수준을 바탕으로 태국인이 개설한 경우가 많아 학습 교재를 살펴보면 오류가 꽤나 심각하다. 그런데도 한국어 열풍을 바탕으로 이런 사설 교육 기관의 인기는 여전하다.

한국어를 공부하는 태국 젊은이들이 늘어나다 보니 웃지 못할 해프닝을 겪기도 한다. 한번은 저녁 무렵, 한국식 불고기와 냉면이 생각나서 나나에 있는 코리아타운으로 가서 맛있게 먹고는 다시 아속 방향으로 걸어오고 있었는데, 길거리 여성이 필자가 한국인임을 대번에 알아보고는 한국말로 한 호객 행위에 필자는 길거리에서 빵 터지고 말았다.

"오빠, 이제부터 내가 잘할게!"

생면부지 태국 아가씨가 '오빠, 이제부터 내가 잘할게'라니? 자기가 무슨 사귀다 헤어진 내 여친도 아니고. 아마도 그녀는 내게, '오빠, 오늘 내가 잘해 줄게.' 뭐 이렇게 말하고 싶었던 게다. 의미가 유추되니 그 정도 말하는 것도 대단하지만, 어쨌든 때로는 설익은 태국에서의 한국말과 한글 표기는 저절로 웃음을 자아낸다.

방콕에 여러 지점을 두고 있는 호텔 체인의 문고리. 방해하지 '닿아' 주세요는 그렇다 치고 방을 '장관해 달라뇨? 합리적인 가격인 데다 룸 컨디션도 좋아 필자를 비롯해 많은 한국인들이 이용하는 호텔 체인인데 한국인 아무나 붙잡고 한 번만 물어보고 만들지 그러셨어요.

위 그림에 표기된 한국말이 이해가 가시는지? 태국의 유명한 호텔 체인의 문고리인데 '방해하지 말아 주세요'를 '방해하지 닿아 주세요'로, '방을 청소해 주세요'를 '방을 장관해 주세요'로 잘못 표기하였다. 그냥 빳빳한 두꺼운 종이에다가 앞뒤로 인쇄했으면 폐기하고 다시 만들면 될 텐데 무려 두꺼운 아크릴로 정성껏 만든 문고리를 전 지점, 전 객실에 걸어 놓은 까닭에 다시 만들자면 많은 비용이 소요될 듯싶다. 한국말까지 친절하게 기재해 주신 것은 대단히 고마운 일이지만, 정작 한국인이 한국말을 이해하지 못하는 슬픈 현실이라니.

한국어가 많이 사용됨에 따라 이런 해프닝은 자주 일어난다. 태국 사람들이 정말 좋아하는 아이스크림 브랜드인 'Swensens'이 신제품을 출시하면서 Triple Brownies Dalgona Coffee Sundae라는 세트 메뉴 명칭을 태국어와 한국어로 병행 기재했는데, Triple을 '삼루타'로

오역하다 보니 안타깝게도 '삼루타 브라우니 달고나 커피 선데'라고 쓰는 실수를 저지르고 말았다. 홈런이나 홀인원을 한 선수는 주문이 불가하고 그날 오직 3루타를 친 사람만 주문할 수 있는 특별한 아이스크림이 되고 만 것이다.

신제품을 광고 중인 스웬센의 광고 판넬. 불행히도 'Triple'을 3루타로 해석하는 바람에 3루타를 쳐야 맛볼 수 있는 특별한 메뉴가 되고 말았다. (「오징어 게임」 등의 영향으로 'dalgona달고나'는 'jjigae찌개' 등과 함께 옥스퍼드 사전에 정식으로 등재된 단어가 되었다.)

방콕의 한 MRT 역에서 우연히 보게 된 '도입살길 천호필달' 아저씨. '정신일도 하사불성'은 들어 봤어도 '도입살길 천호필달'은 대체 무슨 말인지 알 수가 없다. 한국인이 모르는 한글이라니.

방콕에 '도입살길 천호필달' 아저씨가 있다면 치앙라이엔 '솜인삼' 씨가 있다. 치앙라이의 한 대형 마트에서 목격된 솜인삼 아저씨. 당연히 자신의 티셔츠에 쓰인 단어들, 솜, 인삼의 뜻은 모르고 있었다.

뜻밖의 한국어로 인해 필자가 깜짝 놀랐던 또 하나의 기억은 방콕 프라까농에 위치한 한 마사지 숍에서 있었던 일이다. 어디서 돌아오던 길인지 잘 기억은 안 나지만 에까마이 터미널까지 오랫동안 버스를 타고 온지라 몸이 하도 찌뿌둥해서 저녁 무렵 마사지를 받게 되었는데, 거의 흑인 비만 체형을 연상케 하는 태국 마사지사 아주머니께서 들어오시더니 ― 어쩌면 그날 무척 기분 나쁜 일이 있으셨는지도 모르겠다 ― 굉장한 파워로 필자의 몸을 박살 내 놓으셨다. '바우 바우(부드럽게 해 주세요)'에 이어 '짜이 옌옌(진정하세요)'까지 외쳐도 악력 자체가 너무 세서 키가 188cm인 건장한 체격의 필자도 하도 힘을 주고 있었던 까닭인지 마사지 후 팔과 목을 제대로 쓸 수가 없었다.

하루 이틀 지나도 잘 돌아가지 않는 목. 마사지는 마사지로 풀어야겠다고 생각한 필자는 이틀 후 같은 마사지 숍을 찾아 소위 '유상 애프터 서비스'를 시도한다. 마침 이틀 전 필자를 마사지했던 그 파워풀한 마사지사 아주머니는 홀에 앉아 계시지 않아서 말하기가 편했다.

'이틀 전에 여기 왔는데 체구가 크신 마사지사 아주머니가 들어오셨다. 마사지를 하는데 아무리 부드럽게 하라고 해도 기본적으로 힘이 너무 세서 뼈가 다 부러지는 줄 알았다. 특히 목, 왼쪽 어깨, 오른쪽 어깻죽지가 심하게 아프니까 다시 잘 풀어 줄, 힘 안 센 마사지사로 특별히 부탁드린다.'

어색한 태국어에 간절한 표정까지 섞어 상황을 전달하는 필자가 재밌는지 웃음에 더해 미안한 표정을 함께 짓던 마사지 숍 사장님은 이번엔 정말 잘하는 마사지사를 붙여 주겠다며 '쏨'이라는 이름의 한 젊은 마사지사를 소개해 주었다. 확연하게 부드러운 마사지로 다 부서졌던 필자의 몸은 조금씩 살아나는 듯했다. 마사지사가 조금이라도 더 열심히 아픈 곳을 풀어 주길 바라면서 필자는 간절함을 담아 태국어로 상황을 전달하였다.

"티니 쨉 나캅. (여기가 아파요)"

목 아래 아픈 부분을 손으로 짚으면서 아프댔더니 그 부분을 확실히 더 열심히 풀어 준다. 효과를 본 필자는 다른 아픈 곳도 열심히 보고하기에 이르렀다.

"티니 쨉 막 나캅. (여기가 굉장히 아파요)"
"티니 커 쨉 막 무안깐 캅. (여기도, 여기도 굉장히 아파요)"

그때였다. 필자가 손으로 짚은 곳을 열심히 마사지하던 마사지사는 갑자기 잠깐 손을 멈추더니 필자에 귀에 대고 약간 짜증이 섞인, 완벽한 어투의 한국어를 구사했다.

"오빠! 아프면 병원을 가요!"
"으악 깜짝이야!"

그랬다. 한국어를 할 줄 알았던 그녀는 처음부터 필자가 한국 사람임을 알았지만, 그냥 묵묵히 '애프터서비스'에 충실하다가 필자의 계속되는 주문에 짜증이 난 나머지 완벽한 한국어로 일갈했던 것이다.

그다음부터는 마사지는 둘째 치고 '대체 어떻게 한국어를 그렇게 잘하냐? 전공했냐? 한국은 가 봤냐?' 등 같은 언어 학습자 모드로 돌아가 그녀에게 여러 질문을 퍼부었다.

그녀는 전공자도 아니었고 필자처럼 책이나 동영상을 통해 혼자 언어를 학습하였던 터라 대화가 더 잘 통했는데, 「홈타운 차차차」를 통해 한국어 실력이 일취월장했다는 말에 넘어가 종영한 지 몇 년도 더 된 tvN 드라마 「갯마을 차차차」를 찾아서 보게 되었다. ㅡ 「홈타운 차차차」는 「갯마을 차차차」의 수출용 버전 제목이다 ㅡ 한국어 원음에 태국어 자막을 켜고 보자니 아직은 태국어를 읽는 데 시간이 필요한 터라 태국어 더빙에 한글 자막으로 보았는데, 몰입도가 심히 떨어짐에도 한두 회는 그렇게 공부 모드로 보았지만, 드라마의 내용에 점점 빠져들면서 공부보다는 드라마의 다음 내용이 심히 궁금해져 버린 필자는 그냥 한국말에 아무 자막도 없는, 오리지널 버전으로 한국 드라마를 보게 되었다. 그야말로 한국인이 태국어 공부한답시고 한국 드라마를 보다가 이내 내용에 빠져 버려 공부는커녕 애꿎은 드라마만 다 봐 버렸다는 슬픈 이야기.

지난날 외국에서 체류하거나 여행을 하면서 영어가 모국어인 외국인이 부러울 때가 많았다. 모국어가 영어라는 이유만으로 모국어가 영어가 아닌 여러 나라 사람들이 기꺼이 영어를 배워서 자신들과 원활한 의사소통을 시도해 주니 얼마나 편하겠는가 싶어서 말이다. 그런데 놀랍게도 한국 문화가 세계화되면서 생각지도 못한 때, 기대하지도 않은 상황에서 외국 사람이 한국어로 말을 걸어오는 경우가 점차 늘고 있다. 조금만 더 힘내자, 대한민국! 전 세계인이 조금씩이라도 한국어를 다 할 줄 알게 되는 그날까지!

필자가 한국인임을 대번에 알아보고는 한국말로 인사를 건네주셨던 친절한 태국분들. 이후 대답과 대화를 태국어로 했더니 너무 좋아하며 필자의 촬영에 환한 웃음과 함께 브이와 볼하트 포즈를 취해 주셨다. 영업을 하시는 분들이었는데 오른쪽 분은 사진 왼쪽에 놓인 설문지의 사진 모델이 될 만큼 실적이 우수한 분이라고. 대부분의 태국분들은 참 친절하고 잘 웃는다. 보고 있는 사람의 기분까지 좋아질 정도로.

22
쁠라가퐁 텃 남쁠라

　요새는 맞벌이가 흔한 일이지만 수십 년 전만 해도 한국에서 맞벌이는 그렇게 흔한 일은 아니었다. 학교를 마치고 집에 돌아오면 어느 집이든 엄마가 자녀를 맞이해 주는 것이 일반적이었고 그 맞이의 핵심은 항상 음식이었다. 그것이 간식이든 제대로 된 끼니이든 말이다. 간식의 경우는 엄마가 만드는 경우보단 시중에서 사다가 주는 경우가 많았지만, 어쨌든 엄마의 수고와 정성이 담긴 그 음식을 먹으며 그날의 힘들었던 일 또는 즐거웠던 일을 나누고, 웃고, 공감하며 학교에서 쌓인 하루의 피로를 풀 수 있었다. 시험 주간이 되거나 학교에서 마음대로 되지 않는 일이 있어 자녀가 힘들어 보이면 엄마는 자녀가 가장 좋아하는 음식을 만들어 그 마음을 달래 주고 채워 주었다. 그렇기에 음식은 곧 엄마의 마음이 되었고 그 자체로 사랑이자 격려가 되었다.

　안타깝게도 필자의 경우는 부모님이 맞벌이를 하셨다. 그래서 학교를 마치고 집에 돌아와 엄마의 환영을 기대할 수는 없었다. 하지만 다행스럽게도 외할머니가 함께 사셨기에 언제나 학교에서 돌아오면 외할머니가 계셨다. 너무나 감사하게도 대부분 독자님들의 외할머니께서 그러하신 것처럼, 필자의 외할머니는 참 자애로우셨을 뿐만 아니라 음식 솜씨가 굉장히 좋으셨다. 음식을 전공한 분도 아니고 쿠킹 클래스를 수료한 분도 아니었을 뿐만 아니라, 그 시절엔 네이버나 구글을 비롯해 어떠한 검색 엔진도 없었는데 어떻게 그렇게 음식을 뚝딱뚝딱 맛있게 잘 만드셨는지 아직도 궁금하다. 아무리 경력 수십 년의 주부라 할지라도 레시피를 찾아서 만드는 게 아니고 머릿속에 기억된 레시피만으로 음식을 만들라고 하면 자신 있게 잘 만드는 요리가 끽해야 대여섯 가지나 되련만, 필자의 외할머니는 궁중 수라간에 계셨던 분인 양 만드는 음식의 스펙트럼이 참 넓은 분이었다. 손도 빠르셔서 심지어 네댓 가지 요리를 한 번에 뚝딱뚝딱 만들어 내셨는데, 어떤 음식을 해도 참 맛이 있어 많은 친척분들로부터도 요리를 굉장히 잘하시는 분으로 정평이 난, 그런 분이었다.

그렇게 사랑이 담긴 여러 요리를 풍부히 먹고 자란 까닭일까? 필자는 감사하게도 가리는 음식이 없다. 고기는 고기대로 맛있고 나물은 나물대로 맛이 있으며, 비린 건 비린 대로 맛있다.
또 박쥐나 생쥐처럼 아주 혐오스러운 것이 아니면 음식에 대한 호기심도 매우 강한 편이라서 도대체 무슨 맛이 날지 궁금해서 맛을 보다 보니 새로운 맛에 눈을 뜨는 경우도 많다.

여행을 다니다 보면 기호가 맞지 않는지라 사람에 따라 음식을 가리는 경우도 많고, 현지에서 한 번 비위가 상해 버리면 한식이 아니면 아예 식사를 하지 못하는 경우도 많은데 필자는 감사하게도 그런 경험을 한 번도 한 적이 없다. 어쩌면 외국 생활이나 여행이 최적화된 몸이라고 해도 과언이 아니다. 외국에 있는 여러 달 동안, 김치나 한식을 단

한 번도 먹지 않고 현지식만 먹어도 전혀 문제가 없으며 잘 적응한다.

하지만 그렇다고 해서 미세한 맛의 편차를 느끼지 못하는 것은 결코 아니다. 비위가 강해서 이런저런 음식을 편견 없이 잘 먹는 것일 뿐, 음식이 절대적으로 맛이 있는지, 없는지는 누구보다도 예민하게 평가가 가능하다.

필자가 하도 태국에 있다 보니 태국은 물론 한국의 지인들도 음식과 관련하여 질문을 할 때가 많다. 크게 두 가지로 나눌 수 있는데, 그 하나는 '한국 음식과 태국 음식 중 어느 나라 음식이 더 좋고 맛있냐?'라는 질문이다. 이 질문은 단편적으로 대답하기에는 다소 무리가 있는데, 왜냐하면 일반적으로 음식에는 서두에서 이야기한 것처럼 서사가 결합되고 서사가 함께하는 음식은 죽을 때까지 잊지 못할, 특별한 음식이 되어 버리기 때문이다.

어린 시절 생일을 축하하기 위해 할머니나 엄마가 장에서 고기와 야채를 잔뜩 사 오셔서 만들어 주신 잡채, 추운 겨울날 온 식구가 둘러앉아 각각 임무를 분담해 빚은 만두로 만든 만둣국, 너무 출출했던 어느 날, 배가 고프다고 했더니 잘 익은 김장 김치에 돼지고기를 팍팍 넣고 뚝딱 만들어 주신 김치찌개와 칼국수. 이처럼 어릴 때부터 먹어 온 음식에는 대개 이런 각별한 추억들이 함께 녹아 있기 마련이라 심지어 누군가 하늘에 올라가 천상의 음식을 가져온다 하더라도 감히 이길 수 없는, 이른바 천하무적의 음식이 되어 버리는 것이다.

그럼에도 불구하고 누군가가, 마치 '엄마가 좋아? 아빠가 좋아?'를 아이가 대답할 때까지 집요하게 묻는 어른인 양 두 나라 음식 중 어느 나라 음식이 더 좋고 맛있냐고 끝까지 묻는다면 그래도 먹어 온 세월이 있는지라 태국 음식이 한국 음식보다 더 좋다고 말하기는 어렵지만, 음식에 대한 특별한 기억이나 서사, 가치를 제하고 음식의 재료 및 재료가 주는 풍성한 맛을 잘 살린 여부만 가지고 대답한다면 때로는 태국 음식에서 더 큰 매력을 느낄 때가 있다고는 대답할 수 있을 것 같다.

태국도 음식에 대한 자부심과 역사가 한국처럼 깊은 편이다. 일단 한국처럼 산과 들, 강이 많고, 바다에 접하고 있어 음식의 재료가 풍부하고 매우 신선하다. 음식의 맛은 좋은 재료가 전제되어야 하는데 그런 면에서 정말 유리한 셈이다.

치앙마이에서 깐똑쇼를 보러 가면 나오는 '슴슴한' 한 상 차림. 태국 음식도 한국 음식처럼 다양하고 맛도 깊어 한번 빠지게 되면 헤어 나오기가 참 어렵다.

또한 국토가 넓어 남북으로 여러 지역이 교류하다 보니 조리법도 발전하여 한국처럼 발효된 음식도 많고 삭힌 음식도 많으며, 맛의 조화와 풍미가 뛰어나다.

필자가 아는 한 지인은 똠얌꿍을 싫어했다. 왜 끓인 음식에서 신맛이 나냐는 거다. 그도 그럴 것이 비주얼상 똠얌꿍과 가장 비슷한 비주얼의 한국 음식은 된장찌개인데 된장찌개가 새콤한 맛을 낸다는 건 찌개가 상했을 때니까 한국 사람인 그에게 똠얌꿍은 처음 먹을 때 익숙지 않은 느낌을 주는, 생경한 음식일 수 있었다. 필자는 그 지인에게 쿠킹 클래스에서 똠얌꿍을 만들었던 영상을 보여 주었다. 그 시큼함이 신선한 라임에서 왔으며, 특유의 향은 레몬그라스와 라임잎, 코코넛 밀크 등에서 왔다는 사실을 보여 준 것이다. 음식의 재료에 대한 이해를 갖게 되자 편견이 사라진 그 지인은, 지금은 한국의 태국 식당에서 가끔 똠얌꿍을 사서 먹으며 필자에게 태국 본토의 시큼한 맛이 덜 난다고 불평을 하는 지경에 이르렀다.

음식과 관련하여 받는 질문 가운데 두 번째는 태국 음식 중에 '어떤 음식을 가장 좋아하느냐?'라는 질문이다. 이 질문은 첫 번째 질문보다 대답하기가 매우 편하다. 지금까지 먹은 태국 음식 중에 가장 좋아하는 음식을 대면 되니까.

물론 이 대답에도 수많은 태국 음식들이 유력한 후보군으로서 저마다의 매력을 뽐내고 있는지라 대답하기가 그렇게 쉽지만은 않다. 필자는 국수를 좋아하는지라 '꾸에이띠여우 르아'나 '옌타포 똠얌'도 좋아하는데, 그 외 시원한 국물이 일품인 '똠르앗'을 비롯해 한국에 비슷한 음식이 없어서 맛 설명이 어려운 '꿍 팟 피끄아', '무댓 띠여우 텃', '팟 탈레 팻', '깽쏨' 등 입맛을 확 사로잡는 많은 음식들이 저마다의 매력으로 필자에게 추파를 던지고 있기 때문이다.

그처럼 고르기가 어려운 상황에서 가장 많이 먹은, 가장 즐기는 음식을 딱 하나 댄다면 '쁠라까퐁 텃 남쁠라'가 아닐까 싶다. 필자 휴대폰의 '태국' 폴더에는 현재 2만 장이 넘는 사진이 저장되어 있는데, 태국에서 찍은 음식 사진 중에서 숫자를 세 보니 이 메뉴의 사진이 가장 많았다. '피시소스에 찍어 먹는 농어 튀김'인데, 농어도 농어지만 피시소스가 정말 맛있다. 여기에 '비어 창'이나 '비어 싱하' 한 병을 곁들이면 말도 필요 없고 밥도 필요 없다. 그냥 그렇게 완성이다. 방콕이든 어느 도시든 '쁠라카퐁 텃 남쁠라'를 파는 레스토랑은 많다. 해산물 요리를 하는 식당이라면 쉽게 주문이 가능하다.

이 메뉴 말고도 태국은 훌륭한 음식이 많다. 한국 사람에게 한국 음식처럼 잘 알려진 '팟타이'나 '팟끄라빠오 무쌉', 돼지고기 덮밥인 '카오무댕', 바삭하게 튀겨 낸 굴전 '호이낭롬텃끄럽', 족발밥인 '카오카무'처럼 일품요리 一品料理

농어튀김 요리인 '쁠라까퐁 텃 남쁠라'. 신발도 튀기면 맛있다는데 무려 '농어'를 튀겼으니 맛없으면 이상하지. 농어는 그 자체가 맛있는 생선인 건 틀림없지만 저 남쁠라 소스가 있어야 두 배 정도 더 맛있어진다. 태국 사람들은 어찌 이리도 소스를 맛있게 잘 만드는 걸까? 진짜 요리 고수들임이 틀림없다.

외에도 밥과 함께 먹으면 꿀맛인 '커무양', '뿌 팟 퐁까리', '얌 팟붕 텃' 및 '쏨땀' 같은 곁들이 음식도 당연히 맛있고 또 훌륭하다.

한 가지 제안을 드리자면 이 책의 독자분들만큼은 비주얼에 속아서 남들이 찾는 음식에만 머무르지 않았으면 싶다. 방콕을 비롯해 여러 야시장에 가면 뻥 좀 보태서 1미터쯤 쌓아 올린 '랭쌥'을 비롯해 비주얼'만' 엄청난 음식들이 많다. 그러다 보니 그 음식을 주문하여 인증 샷을 많이 찍곤 하는데 랭쌥은 솔직히 그다지 맛이 있는 메뉴도 아니며, 그런 음식으로 한 끼를 허비하기엔 태국이란 나라엔 맛있는 음식이 정말 너무도 많다.

그러니 유명하고 검증된 메뉴만이 아니라 메뉴판의 그림을 보거나 종업원의 추천을 받아서 — 참고로 태국어로 '추아이 내남 메뉴 하이너이 크랍'이 '메뉴를 추천해 주시겠어요?' 라고 묻는 말이다, 여자는 크랍이 아니고 '카?'로 마치면 된다 — 잘 모르겠는 음식이라 할지라도 몇 가지를 시켜 맛을 음미해 보시기 바란다. 시킨 음식 가운데 한두 가지 정도는 입에 꼭 맞는 음식이 있을 거고 그렇다면 종업원을 다시 불러서 이 음식

태국에서 가끔 김치찌개가 생각날 때 먹는 '깽쏨'. 과거 아시안티크에 가면 '체크 메이트'라고 깽쏨을 맛있게 하는 맛집이 있었는데 지금은 문을 닫고 없다. 혹 태국에서 김치찌개가 생각난다면 김치찌개 말고 깽쏨을 드셔 보시라. 깽쏨에 공깃밥에 계란부침 하나. 말이 필요 없다.

이 뭐냐고 물어보아 — 태국어로 '아한 니, 리약와 아라이 크랍?'이 '이 음식, 이름이 뭐예요?'라고 묻는 말이다. 이 역시 여자는 크랍이 아니고 '카?'로 마치면 된다 — 태국 음식 중에 좋아하는 음식을 하나씩 늘려

나가 보시기를 제안드리고 싶다. 처음엔 새로 발견한 그 맛있는 한두 음식으로 그 여행 자체의 만족도가 올라가겠지만, 한국으로 돌아와서는 그 음식으로 말미암아 태국이 그리워지고 태국에 대한 애정도 깊어질 것이다.

2013년부터 매년 '아시아에서 가장 뛰어난 레스토랑 Top 50'을 뽑아 왔는데, 2023년에는 방콕의 레스토랑인 '르 두 Le Du'가 1위를 차지했다. (르 두는 아쉽게도 2024년 순위에선 12위를 기록했고, 대신 셰프 Ton이 운영하는 또 다른 레스토랑인 '누사라 Nusara'가 6위에 랭크되었다.)

왼쪽 위부터 달걀부침인 '카이다우', 오른쪽은 새우가 들어갔기에 '뿌'팟퐁까리가 아닌 '꿍'팟퐁까리, 아래쪽은 약간 건조된 돼지고기를 튀긴 '무댓띠여우텃'. 맛은 뭐 보이는 바와 같다.

이 레스토랑의 대표인 셰프 'Ton'은 르 두 말고도 누사라 Nusara, 라냐이 Lahnyai, 반 Baan, 메이라이 Mayrai 같은 여러 콘셉트의 레스토랑을 함께 운영 중인 유명 셰프인데 어떻게 아시아의 수많은 식당 중에서 1위를 할 수 있었냐는 기자의 질문에 그는 1등의 주체는 자신이 아니라 태국 음식이고, 자신이 영감을 발휘할 수 있는 배경은 돼지고기와 배추 장아찌, 삭힌 생선을 밥과 함께 쪄 주셨던 돌아가신 '외할머니의 집밥 요리'가 그 원동력이 되었다고 말했다.

그러고는 죽기 전에 한 가지 요리를 먹을 수 있다면 태국 요리 중에 어떤 음식을 먹겠냐는 질문에는 가장 저렴하고 보편적인, 어쩌면 제일 뻔한 태국의 덮밥 요리인 '팟 끄라빠오'를 먹겠다고 대답한 것이 흥미로웠다. 필자 역시 태국 음식이 한국 음식에 필적할 만큼 매우 맛있다는 것을 강조하기 위해 태국 음식에 대한 애정을 잔뜩 써 놓긴 했지만, 필자도 누군가가 죽기 전에 딱 한 가지 다시 먹고 싶은, 인생에 있어 가장 맛있었던 음식을 꼽으라면 당연히 걸음마를 뗄 때부터 먹어 온 한국 음식을 꼽을 것이다.

필자 역시 태국 셰프 Ton처럼 외할머니가 해 주셨던 음식을 꼽으리라. 그중에서도 단연, 외할머니의 칼국수를 먹으련다. 고기 한 점, 조개 한 개 들지 않은, 감자와 양파가 주된 재료인 그 칼국수는 왜 그리도 맛있었던 걸까? 그건 아마도 최상의 요리 재료인 눈부신 정성 때문이었겠지. 후아힌 파사마이 카페에서 글을 쓰고 있는 지금, 문득 외할머니의 푸근하고 아름다운 미소는 물론, 정성 가득했던 할머니의 한국 음식들이 사무치도록 그립다.

23

낀, 키이, 삐이, 넌

앞 장에서 한국 문화 열풍 등으로 인하여 태국 사람들이 한국어를 하는 경우가 많음을 썼는데 태국을 여행하다 보면 태국 사람들이 건네는 뜻밖의 한국말을 들을 때가 정말 많다. 야시장을 지나는데 음식을 사가라는 뜻으로 '맛있어요'라고 한다든지, 호텔이나 매장에 들어섰는데 '안녕하세요?'라고 인사를 듣는 경우가 그것이다. 그럴 때면 '누가 봐도 나는 참 한국 사람같이 생겼구나' 하는 생각이 든다. 반면 아주 가끔 '어느 나라 사람이에요? 한국? 일본?' 이렇게 물어 올 때도 있는데, 요새는 방콕에 있던 북한 식당도 없어지고 북한 사람들이 눈에 띄지 않지만, 십수 년 전만 해도 북한 사람들이 꽤 있었기에 국적을 묻는 질문에 그저 '한국 사람(콘 까올리)'이라고 대답하면 또다시 물어오는 경우가 많았다. "쿤 뺀 콘 까올리 따이 차이마이? (남한 사람이에요?)"

심지어 필자는 이름 석 자 가운데 앞 두 글자가 북한 최고 권력자와 같고 마지막 글자마저 그와 발음이 비슷하다 보니 간혹 그와 친척이냐고 물어 올 때도 있다. 하긴 뭐 '단군의 자손'인 걸로 따지면 세상 모든 한국인이 한 다리 건너 친척이겠지만.

북한에 대한 묘사나 표현은 한국의 정권을 보수가 잡느냐 진보가 잡느냐에 따라 냉탕과 온탕을 오갔다. 「공동경비구역 JSA」가 공전의 히트를 기록할 때는 한참 햇볕 정책으로 북한에 대한 변화를 기대했던 시기였고, 이후 북한에 의해 여러 사건이 일어나고 그에 더해 보수 정권이 들어서며 다시 서로에 대한 경계가 심화되면서는 「연평해전」 같은 영화가 나오기도 했다. 이젠 더 나아가 김정은이 대한민국이 주적이고 그들과는 상종을 하지 않겠노라고 공언하였으니 더 냉정하게 남과 북을 조명하는 작품들이 주를 이루겠지만, 그래도 수년 전까지는 「강철비」나 「공조」, 「사랑의 불시착」 같은 작품들을 통해 남과 북은 밉지만 결코 남이 될 수 없는, 그래도 끈끈한 무엇인가가 통하는 관계라는 점을 부각시키는 작품들이 주류를 이뤄 왔다. 여하튼 냉탕과 온탕을 오가긴 해도 북한에 대한 한국의 묘사는 이제 굉장히 현실적이고 객관적이다. 과거 무조건적인 반공 교육이 있을 때처럼 북한 사람은 모두 굶주리고 있어서 죽기 전 소원이 '기와집에서 비단옷을 입고 이밥에 고깃국 한 번 먹는 것'이라고 가르칠 때와는 판이하게 달라졌다.

아무리 시대가 바뀌었다 해도 한 국가를 구성하는 사람들의 소원이 '이밥에 고깃국'이었던 걸 보면 시대를 떠나 먹는 문제는 참 중요하다. 우리 속담에도 '등 따숩고 배부르면 임금님 부럽지 않다'고 하지 않았던가? 지위 고하, 남녀노소를 막론하고 삼시 세끼를 챙겨 먹지 않으면 사람은 건강하게 살 수 없다. 요즘은 세상이 바뀌어 매일의 '이밥의 고깃국'은 되려 성인병을 불러올 수 있으니 그리 먹을 수 있어도 그렇게 먹지 않으려고 노력하는 시대가 되었지만, 죽을 때까지 '잘 먹고, 잘 싸고, 잘 자는 것'이야말로 동서고금을 막론하고 건강의 지표이자 장수의 비결

과거 방콕 스쿰빗 로드 25가쯤에 있었던 '평양 옥류식당'. 식당 외부와 내부에서 음식을 촬영하는 것은 허용했지만 내부에서 일하는 종업원은 절대 촬영하지 못하게 했던 것이 기억에 남는다. 2020년쯤 없어졌고 종업원들도 본국으로 돌아간 듯한데 다들 이밥에 고깃국은 먹고 있는지 모르겠다.

로 꼽는 일종의 '금과옥조'다. 가장 쉬운 것의 반복이 가장 어려운 법이다.

태국도 한국의 '등 따습고 배부른 것'처럼 편안하고 안락한 삶을 묘사하는 말이 있다. '낀, 키이, 삐이, 넌'. 다소 순화한 한국말로 옮기면 '먹고, 배변하고, 사랑을 나누고, 잘 자는 것'이라고 할 수 있다. 잘 먹고, 잘 싸고, 잘 자는 것은 여느 나라와 동일한데, 성(性)에 대한 욕구가 반영된 것이 재미있다. 이 말은 특히 본능에만 충실하고 생활력이 없고 부양의 태도가 좋지 않은 남성을 한심하게 비하할 때도 사용하는데, 상대적으로 생활력이 강한 태국 여인들이다 보니 그런 남성의 태도는 더 한심하게 느껴지리라 생각된다.

태국 여성들은 생활력이 참 강하다. 일반적으로 한국 여성들보다 자그마한 키, 도저히 그 몸으로 밀거나 끌거나 짊어질 수 있는 수준이 아닌 무거운 것들을 거뜬히 밀고, 끌고, 짊어지고 나아간다. 남성의 도움을 청하는 일도 거의 없다. 아침에 BTS나 MRT, 버스를 타면 다양한 직장의 유니폼을 입은 많은 태국 여성들이 눈에 들어온다. 정장이나 유니폼을 입은 숫자로 보면 일반적으로 남성보다 여성의 수가 많다. 도로로 시선을 돌리면 많은 태국 여성들이 오토바이를 타고 거침없이 도로를 내달린다. 가족이나 친지를 위해서라면 궂은일, 힘든 일을 마다하지 않는다. 아주 옛날 우리네 할머니, 어머니의 모습과도 많이 닮아 있다. 헌신적이고 희생적이다.

가족을 위해 사회에서 고된 일을 수행함에도 점심에 푸드 코트에 가보면 태국 여성들은 거의 100%, 한 가지 음식만 시켜서 먹는다. 음식의 양이 적은 편이라 같은 푸드 코트에서 한국 사람들이라면 최소 두세 가지는 시켜 먹어야 배가 부를 판인데, 대부분 딱 한 가지 메뉴만 주문하는 태국 여성들. 과연 저걸 먹고 하루를 버틸 수 있을까 싶을 정도로 양이 적은 음식을 금세 조용히 먹고는 다시 일터로 사라진다.

태국 여인들은 작지만 강하다. 사진은 필자가 체크인한 호텔 방에 TV가 나오지 않아 이야기를 했더니 만실이라 방을 바꿔 드릴 수가 없다며 여성 직원 둘이 어디선가 다른 TV를 들고 들어와 기존의 TV를 떼어 내고 아예 교체를 해 주고 있는 장면. 도와주려고 했으나 필요 없다고 극구 사양하며 운반, 조립, 설치를 뚝딱.

노르웨이어로 'Thai dame(타이다매)'라는 말이 있다고 한다. '태국 여자'라는 뜻인데, '돈 때문에 노르웨이 남자와 같이 살려고 — 일종의 — 팔려 온 여자'라는, 비하하는 뜻이 담겨 있는 표현이라 한다. 그런 말을 들으면 마음이 아프다. 과거 한국도 가족 부양을 위해 돈을 벌고자 다른 나라로 가야만 했던 가난한 시절이 있었다. 국가에서 선발하는 공식적인 루트로 가는 사람들이 대부분이었지만, 제3국을 통해 미국 같은 나라에서 불법 체류를 하며 일하는 경우도 많았다. 마치 그때의 우리들처럼 현재 그 어느 나라 사람보다 열심히 살아가고 있으면서도 긍정적인 마인드를 잃지 않고 있는 사람들이 태국 여인들이요, 태국 사람들이기 때문이다.

다소 염려가 되는 것으로 최근 태국과 관련된 뉴스의 댓글들을 보면 과거보다 태국 사람들을 무시하는 댓글들이 많이 눈에 띈다. 2024년 10월에 발표한 2023년 기준, 한국 내 불법 체류자 수 조사에서 중국을 제치고 태국이 1위를 했다는 점이 태국에 대한 부정적인 여론을 확산시키는 데 영향을 주지 않았나 싶다. 불법 체류는 여러 가지 사회적 부작용을 낳는 요인이 되기 때문에 당연히 여러 방법으로 단속하고 제약을 걸어 나가야 하겠지만, 태국 사람들 전체를 미워하거나 무시하는 마음으로 확대되지는 않았으면 좋겠다.

경제적으로 지금은 태국이 한국보다 뒤처져 있지만, 최근 기상 이변이 심화되고 우크라이나와 러시아 간의 전쟁을 통해서도 잠시 경험한 바와 같이 많은 나라가 전쟁에 휘말려 생존과 밀접히 관련된 농산물 수출을 제한하게 되면 농산물 값이 폭등할 것이고 그러면 태국을 위시한 인도차이나반도에 위치한 나라들이 여느 나라보다 유리한 입장이 될 수도 있다. 사람의 앞일을 모르듯, 나라의 앞일도 모른다.

꼭 그런 가정 때문이 아니어도 태국은 한국과 역사적으로 참 가까운 나라다. 우리가 잘 알고 있는 것처럼 1950년 한국에서 전쟁이 일어났을 때 1개 대대 규모의 육군과 해군, 공군을 파견하여 어려움에 빠진 우리를 적극적으로 도와주었던 나라가 태국이다.

그뿐만 아니라 잘 알려지지 않은 역사적 사실로 임진왜란 때 우리를 도와주기 위해 파병을 준비하고 있던 나라가 당시의 '섬라국暹羅國', 지금의 태국이다. 왜倭가 조선을 치고 명으로 진격하여 전쟁이 장기화가 되면 자신들에게도 큰 부담이 될 것을 염려한 명나라의 요청으로 파병을 준비하고 있었는데, 다행히 임진왜란이 생각보다 일찍 끝나면서 사신이 오가는 단계에서 없던 일이 되고 말았지만, 태국 사람들의 성정상 누가 도와 달라 하니 코끼리를 타고 기꺼이 먼 이웃 나라인 조선을 도우러 와 주지 않았을까? 그러면 우리와 태국의 관계가 또 어떻게 설정되었을지 알 수 없는 일이다.

그래, 적어도 우리 한국 사람들은 태국 사람을 낮춰 보거나 무시하지 말자. 과거의 우리도 몸을 낮추며 정말 어렵고 힘들게 살아왔으니 말이다.

24
빠이 빠이 빠이 빠이야

30대 중반에 접어들며 자연스럽게 주변에서 공을 치는 지인들이 등장하기 시작했다. 골프가 세상에서 제일 재미있는 운동이라며 골프를 좀 배우란다. 그때만 해도 현업에 치이고 매일매일 출근에 출장 가기만도 바빠서 배울 엄두가 나지 않았는데, 100도에서 물이 끓기 시작하듯이 어느 임계점이 되니까 골프를 배우라는 지인들이 너무 많아져서 최소한의 성의로라도 배우는 척이라도 해야겠다고 생각되는 시점이 오게 되었다.

하지만 운동신경이 없는 건지 뭔가를 새롭게 배우기엔 나이가 들어 버린 건지, 아니면 골프라는 운동 자체가 필자와는 잘 안 맞는 건지 이상하게 연습장만 갔다 오면 어딘가가 아프게 되는 부작용에 시달리기 시작했다. 레슨을 해 주는 프로가 맞지 않는 건가 싶어서 연습장을 바꿔도 보았지만 여전히 관절의 상태는 좋지 않았고, 비거리가 제법 나오며 안정이 되었는가 싶다가도 초보라 당연하지만 그날 마음의 변화가 가져오는 사소한 영향만으로도 엉망이 되기 일쑤였다. 그러면서 골프라는 운동 자체가 마음에서 점점 멀어지게 되었다.

그러다 보니 인생에서 여행이 주는 행복감과 즐거움의 비중이 상대적으로 더 높아지게 되었다. 여행 다닐 시간을 쪼개 골프를 치느니 그럴 시간이 있으면 전처럼 여행에 집중하자는 생각이 들었다. 필자에겐 여행이야말로 세상에서 가장 즐거운 운동이기 때문이다. 필자는 여행을 나오면 가급적 많이 걷는 편이다. 하루 일정을 마치고 휴대폰을 확인해 보면 많이 걸은 날은 하루에 3만 보가 좀 안 되게 걷기도 한다. 이틀 연속으로 2만 5천 보를 넘게 걸으면 꼭 발가락에 물집이 잡히는 터라 2만 5천 보 이상 많이 걸은 다음 날은 조금 덜 걸으려고 노력한다. 그래도 워낙 걷는 걸 좋아하는 까닭에 여행을 나오면 아무리 관리해도 하루 평균 족히 1만 5천 보는 걷게 되는 것 같다.

걸으면서 보는 세상은 디테일하다. 필자가 태국 사람들의 삶을 밀접하게 들여다볼 수 있었던 것은 다 걸음의 힘이었다. 걸으며 사람을 만났고, 걸으며 그들의 삶의 진귀한 장면을 보았으며, 그랬기에 이야기를 나눌 수 있었고, 그 덕분에 많이 배울 수 있었다.

너무 많이 걸어서 지친 날은 숙소에 콕 박혀서 하루를 보내면 그만이다. 그래도 여행이니 방에 틀어박혀서 하루를 보낼 수는 없으므로 책 한 권을 가지고 수영장 베드에 누워서 책을 읽으면 된다. 양옆에 누구라도 있다면 인사와 더불어 이런저런 대화를 나누는 것으로 그와 금방 친구가 되기도 한다. 특히나 태국 사람들은 여행자에게 더없이 친절하고 친근하니 말이다.

여행은 그에 더하여 마치 무예처럼 마음의 수련도 가져온다. 여행하며 만나는 것은 그것이 무엇이든 이상하리만치 뻔하지 않다. 심지어 매일 보는 해와 달도 뭔가 달라 보이고, 한국의 그것과 뭐 그리 다르겠는가마는 참새조차도 더 귀엽고 날렵해 보인다.

그처럼 흔한 것, 사소한 것, 자연히 주어졌다고 생각했던 모든 것들을 달라 보이게 만드는 프리즘이 바로 여행이기 때문에 여행은 자연히 사람을 사색하게 만든다. 그 과정이 여러 번 반복되면서 삶의 태도를 돌아보게 되고 어떻게 살 것인지를 생각하고 느끼고 반성하게 만드는 것. 그것이 바로 여행이라는 수련이 주는 힘이요, 장점이 아닐까?

고즈넉한 빠이의 숙소 모습. 한국의 산과 매우 비슷한 느낌의 산들이 병풍처럼 둘러싸고 있는 데다 기후도 쾌적한 편이어서 오랫동안 머물며 휴식하기 좋다. 괜히 여행자들의 무덤이라고 불리는 것이 아니다.

필자가 하도 태국에서 살다시피 하니 한국에 있는 친구들과 지인들이 나중에 아예 태국으로 나가 살 거냐고 묻기도 한다. 어쩌면 그렇게 될 수도 있지 않을까? 태국어를 공부하고 가능한 한 태국 문화도 이해하려고 노력을 기울여 온 이유의 절반은 사실 그 때문이다. 알면 알수록 좋아지는 속 깊은 친구처럼 태국은 필자에게 시간이 갈수록 더욱더 다정하다.

만약 태국에서 산다면 태국의 어느 지역에서 살 것인가?

필자는 그 답을 찾기 위해 태국의 여러 지역을 여행했다. 태국의 남부 지방과 중부 지방, 북부 지방은 물론, 이싼 지역까지. 다 같은 것 같으면서도 특색이 있었고 저마다의 장점과 단점이 있었지만, 개인적으로 필자와 가장 잘 맞는다고 생각했던 지역은 단연 '빠이$_{Pai}$'다.

빠이는 치앙마이에서 차로 3시간쯤 더 올라가면 나오는 작은 도시이다. 북쪽으로 조금 더 위로 올라가면 미얀마 국경이 나온다. 빠이는 소위 '배낭 여행객의 무덤'이라고 불릴 만큼 한번 들어가면 나오기 싫은 마음이 들 정도로 고즈넉하고 아름다운 곳이다. 더구나 북부 지방이다 보니 크고 작은 산들로 둘러싸여 있는데, 그런 지형적 특성 또한 한국 사람의 감성과 잘 맞는다. 산이 많다 보니 여러 뷰 포인트가 존재하고 있어 오후에는 아름다운 낙조를 감상하기에 더할 나위 없이 좋다.

윤라이 전망대에서 내려다본 자연 경관. 탁 트인 전망이 보는 사람으로 하여금 상쾌한 기분을 갖게 만든다.

빠이 캐년에서 노을을 기다리고 있는 외국인 여행객들. 빠이엔 높은 산과 언덕이 많아 아름다운 뷰와 노을을 즐기기에 좋다.

많은 비로 물이 불어나 있는 빠이강의 모습. '빠이 튜빙'은 유명하지만 튜빙을 하다 보면 수위가 낮은 구간이 있어서 튜빙이 생각처럼 재밌지만은 않다.

산뿐만 아니라 작은 강물이 흘러 전체적인 뷰가 참으로 아름답다. 꼭 여행객이 많아서가 아니라 아름다운 자연을 닮아서 그럴 테지만 외지인들에게도 친절하고 다정하다. 치앙마이나 푸켓, 파타야처럼 대놓고 힘을 빡 주고 있는 관광 도시가 아니라 강원도의 작은 중소 도시처럼 아름다운 자연을 바탕으로 소박하고 수줍게 자기의 매력을 뽐내는 곳. 그런 곳이라 더 정겹고 아늑하게 느껴진다. 빠이에서는 하루 수백 바트만 주면 작은 오토바이 하나를 빌릴 수 있는데, 오토바이만 있으면 어느 곳도 두렵지 않다. 온천과 폭포를 비롯하여 여러 포인트가 빠이 읍내라고 할 수 있는 작은 마을을 중심에 두고 사방으로 흩어져 있는 구조여서 찾아다니기가 용이하다. 시골이면서도 차가 많은 곳도 있지만 빠이는 차가 많지 않아서 오토바이를 운전하는 데 있어 태국의 다른 곳보다 상대적으로 안전한 편이다.

여기까지 말하면 대부분은 그런 곳은 여행으로 한두 달 살기에나 좋지, 막상 살려고 가면 너무 무료하지 않겠냐고 걱정하곤 한다. 다행스럽게도 아직 다듬어지지 않은 부분이 많은, 원석 같은 곳이다 보니 이방인의 눈으로 봤을 때, 세련됨 내지 생활의 편리함을 위해 조금 더 갖춰야 할 부분들이 많이 눈에 띈다. 그런 필요를 일거리로 만들어 소일한다면 충분히 즐겁고 보람 있게 살 수 있는 곳이 빠이가 아닐까 생각한다.

인생은 '왜 사는가'가 아니라 '어떻게 살 것인가'를 고민하며 싸워 나가는 쉼 없는 과정이라고 생각한다. 유명한 한국의 기업가가 '세상의 넓고 할 일은 많다'고 했던 것처럼 어떤 마음을 가지고 살려고 노력하는가에 따라 삶은 더 반짝이게 되지 않을까?

　한국 사람은 태생적으로 '민족 중흥의 역사적 사명'을 띠고 태어났다. 하지만 민족 중흥을 꼭 한국에서 할 필요는 없지 않은가? 시베리아에서 아프리카까지 어디에 데려다 놔도 강인한 생명력으로 척박지를 개척해 나가는 것이 한국 사람이다. 본능처럼 주어진 그 힘으로 투박한 태국의 거친 땅을 한 번 다듬어 보고 싶은 것, 그것이 아직까지는 필자가 가지고 있는 삶의 작은 바람이다.

뱀부 브릿지에서 바라본 빠이강. 워낙 자연이 예쁘기에 아무 데나, 아무렇게나 찍어도 다 예쁘다.

Cafe De Pai에서 엄지척을 해 주고 있는 독일 여행자들. 빠이가 워낙 좁다 보니 필자가 한 달 넘게 머무는 동안 저들과 족히 열 번은 더 만났다.

화이트 붓다 포인트에서 낙조를 즐기고 있는 여행객들. 빠이도 치앙마이의 도이수텝처럼 높은 산이 많아 경치를 즐기기에 더할 나위 없이 좋다.

나무 밑에 묶여 있는 소. 사진을 찍고 모델료로 가방에 있던, 필자가 아끼는 단팥빵을 주었는데 냄새를 맡더니 가볍게 거절해 버렸다는.

빠이의 메인 스트리트. 요란하지 않고 고즈넉한 것이 빠이의 최대 장점이다. 2023년에 방영된 「아주 사적인 동남아」와 2024년에 방영된 「독박투어 시즌2」에서 출연자들이 걸었던 바로 그 길이다.

빠이의 메인 스트리트에서 볼 수 있는 빨간 우체통. 빠이에 오면 다양하게 생긴 빨간 우체통들을 볼 수 있는데, 사진은 가장 평범한 형태의 우체통이다.

2023년 tvN에서 방영된 「아주 사적인 동남아」 멤버들이 묵었던 숙소. 필자가 2023년 6월에 찾았을 때는 무슨 이유에선지 손님을 받지 않고 문이 닫혀 있었지만, 2024년에 다시 찾았을 때는 사진처럼 투숙객들을 다시 받고 있었다.

빠이에서 자주 볼 수 있는 코끼리 아저씨. 빠이에는 여러 가축들과 동물들을 볼 수 있어 어린 자녀를 동반하여 가족여행 하기에도 좋다.

25 폰다익선

2023년 말, MBC 연예 대상의 주인공은 유재석도, 강호동도 아닌 기안84였다. 필자의 경우 「나 혼자 산다」는 별로 본 적이 없었지만, 「태어난 김에 세계일주」는 몇 번 볼 수 있는 기회가 있었는데, 자주 여행을 다니는 여행자로서 매우 흥미로웠고 많은 부분에서 공감되었으며, 가끔은 쇼킹하기까지 하였다.

특히 그가 어느 나라를 갈 때인지는 기억이 나지 않지만, 해외를 나가는데 그저 옆으로 메는 가방 하나가 전부였던 장면에서 그가 참 대단한 사람이라는 생각이 들었다. 해외 촬영이니만큼 적어도 최소 일주일간은 해외에 체류하게 될 거고, 연예인이니 화면에 멋지게 나오고 싶은 생각에서라도 옷은 몇 벌 준비하게 되는 것이 상례이니만큼, 아무리 짐을 줄인다고 해도 최소한 기내용 트렁크 하나 정도는 나오는 것이 일반적임에도 입고 나가는 옷 외에는 변변히 갈아입을 옷도 준비하지 않고 옆으로 메는 가방 하나가 짐의 전부였던 기안84. 그가 그처럼 큰 인기를 끈 데에는 일반적인 상식을 깨고 '여행 무소유'를 고집한 것도 한 가지 요인이 되지 않았을까 생각해 본다.

여행자로서 짐은 참 중요하다. 특히 필자처럼 글을 쓰기 위해 자주 출장을 가는 사람이라면 꽤나 오랜 시간 해외에서 머물러야 하고 이 책의 서두에서 소개한 것처럼 렌터카에 부착할 블랙박스를 비롯하여 체류 기간 동안 소기의 목적을 달성하는 데 있어 꼭 필요한 필수적인 짐들이 요구되기 마련이다.

안타깝게도 오랫동안 다른 나라에 머물다 보면 어떤 물건은 마모되기도 하고 본의 아니게 파손되기도 하며, 심지어 분실되기도 한다. 필자가 간수를 잘한 결과인지, 아니면 다만 운이 좋았던 것인지 많은 세월을 태국의 여러 지방에서 여행하고 체류하였음에도 태국에서는 아직까지 중요한 물건이나 큰돈을 잃어버렸던 적은 없다. 유튜브를 보다 보면 동남아의 다른 나라들에서는 오토바이를 탄 소매치기가 지갑이나 가방은 물론이고 통화 중인 휴대폰도 쉽게 채 가는 영상이 흔히 올라오는 반면, 필자만이 아니라 다른 여행자들도 태국에서 뭔가를 잃어버렸다는 내용이 상대적으로 적은 걸 보면 동남아시아에서 그래도 태국 사람들이 꽤나 양심적이지 않나 하는 생각도 든다.

여행에서 어떤 돌발적인 상황에 직면해서 물건을 잃어버린다 해도 돈만 있으면 웬만한 물건들은 현지에서 다시 사면 된다. 특히 기안84처럼 옷을 한두 벌만 가지고 나갔어도 정 필요하면 현지에서 마음에 드는 옷을 사면 그만이다. 하지만 안경이라든지, 휴대폰을 비롯해서 데이터가 들어 있는 스마트 기기 같은 것은 돈이 있더라도 당장 대체하기가 어렵다.

한번은 치앙마이에 머물고 있었을 때의 일이다. 필자는 마야몰 인근의 깨끗하고 쾌적한 호텔에 장기 투숙하고 있었는데 그 호텔은 건물이 1층에 있는 풀장을 디귿 자로 에워싼 형태여서 안쪽 전 객실이 풀 뷰인 그런 호텔이었다. 5층 객실에서 내려다보이는 풀장은 항상 평화롭고 시원해 보였음에도 머무는 동안 수영을 할 만한 시간이 나지 않아 늘 아쉽기만 했다.

그러던 어느 날, 정오에 예정되었던 현지 일정이 오후로 연기되면서 본의 아니게 시간이 붕 뜨게 되었다. 오전의 햇살은 이미 따가웠지만, 눈팅만 하던 호텔 수영장에서 수영을 할 수 있는 절호의 기회가 찾아오게 된 것이다.

수영복을 입고 소지품이라고는 오직 휴대폰만 가지고 1층 풀장에서 수영을 한 지 얼마나 되었을까? 정말 순식간에 하늘이 검게 변하더니 예보에도 없던 물 폭탄이 쏟아지기 시작했다. 얼마나 굵은지 맞으면 머리가 따갑고 앞이 전혀 보이지 않을 만큼 엄청나게 굵은 빗방울. 허둥지둥 밖으로 나와 선베드에 놓아 둔 휴대폰을 챙겼지만, 침수 때문인지 휴대폰은 꺼져 있었고, 안타깝게도 다시 켜지지도 않았다.

치앙마이는 대도시여서 한국 휴대폰 공식 서비스 센터도 있었던지라 비용만 지불하면 부품 교체가 가능했지만, 문제는 데이터였다. 그 폰은 현지 유심을 꽂아 데이터 테더링을 담당하는 '현지 폰'이었는데, 폰 안에는 여러 사진만이 아니라 일과 관련된 중요한 메시지들도 있었고, 현지의 중요 전화번호도 저장되어 있어서 부품 교체가 문제가 아니라 일단 데이터를 옮길 수 있도록 살려 내야 했다.

전전긍긍하던 필자는 지푸라기라도 잡는 심정으로 침수된 폰을 가지고 '센트럴 에어포트 쇼핑몰'로 향했다. 태국의 쇼핑센터는 규모가 크건 작건 대부분 휴대폰 숍이 함께 있어 Oppo라든지 샤오미 같은, 임시로 쓸 중국 폰을 저렴하게 구입할 수 있는 데다 사설 서비스 센터라고 말하기에는 부족하지만 꽤나 손재주와 기술을 갖춘 개인업자들이 이런저런 방법으로 부품을 교체하거나 조합하여 죽은 휴대폰이나 패드를 살려 내는 모습을 본 적 있었기 때문이다.

3층에 가니 개인업자들이 운영하는 여러 휴대폰 부스들이 있었다. 그중 제일 기술이 좋아 보이는 마흔 살쯤 된 듯한 남성 업자에게 폰을 내밀었다.

업자: (휴대폰 게임 중)
필자: 이 폰, 오늘 비 쫄딱 맞은 다음에 켜지지 않는데 살려 줄 수 있어요?
업자: (계속 자신의 폰 게임을 쳐다보며) 700바트 선불입니다 캅. 다만 뒷면 커버는 폰을 여는 과정에서 깨질 수도 있어요 캅.
필자: 혹시 작업을 했는데 안 켜지면 어떡하죠?
업자: (계속 자신의 폰 게임을 쳐다보며) 작업했는데 전원 안 들어오면 350바트는 돌려드립니다 캅.

나쁘지 않은 조건이었다. 3만 원이 안 되는 금액으로 죽은 폰을 깨워 백업을 시도할 수 있다면, 게다가 작업 후 죽은 폰이 안 켜지면 선불 금액의 절반은 돌려받을 수 있다니 충분히 해 볼 만한 가치가 있었다.

필자: 오케이, 시간은 얼마나 걸리죠?
업자: (돈을 받으며) 두 시간만 있다가 오세요 캅.

카페에서 아이스라떼를 마시며 사람 구경을 하고 있노라니 어느덧 한 시간 반이 쏜살같이 지나갔고, 어떻게 작업이 되고 있는지 궁금하여 가 보니 역시 폰 게임 삼매경에 빠져 있던 그는 필자를 보니 말도 없이 선반 아래에 있던 필자의 폰을 꺼내어 '오다 주웠다' 하는 느낌으로 유리 선반 위에 툭 올려놓는다.

"켜져요?"

다시 보는 반가운 배경 화면. 물을 꽤나 먹었는지 액정의 절반 넘게 얼룩이 있었지만, 그렇게라도 전원이 켜져 백업의 기회가 주어진 것이 다행스러웠다. 부랴부랴 호텔로 돌아와서 노트북에 연결하여 백업을 시도했고 무사히 데이터를 옮길 수 있었다.

꽤나 자신 있게 잠금화면을 풀 패턴을 그려 보라는 폰 업자 아저씨. 그의 왼쪽 손, 하얀 선풍기 앞에 놓인 저 폰이 문제의 필자의 침수폰이다. 한순간도 폰 게임에서 눈을 떼지 않던 그는 두 시간이 채 안 돼서 예수님이 나사로를 부활시키듯, 필자의 침수폰을 부활시켜 주었다.

그 사건 이후 필자는 해외에 나갈 때 총 세 개의 폰을 준비한다. 하나는 당연히 한국에서 쓰는 '메인 폰', 또 하나는 현지 유심을 꽂아 다른 기기들에 테더링으로 데이터를 쉐어하고 현지 전화번호로 전화를 걸고 받을 때 쓰는 '현지 폰', 마지막은 구글 내비의 오프라인 지도를 완전히 다운로드하여 현지 폰과 데이터를 쉐어하면서 내비용으로 돌리는 '내비게이션 전용 폰'인데, 이 폰은 메인 폰이나 현지 폰이 문제가 생겼을 때 유심을 옮겨 그 역할을 겸하는 백업 용도로도 활용한다.

한 달 넘게 머무는 장기 여행은 물론, 단기 여행에서도 여분의 폰이나 패드가 있으면 편한 점이 많다. 어떨 땐 한국 뉴스를 보면서 음악을 함께 듣고 싶은 때도 있기 마련인데 폰이 많으면 하나는 미러링으로 실시간 한국 뉴스를 TV에 영상으로 띄우고 또 한 폰으론 듣고 싶은 노래를 블루투스 스피커로 연결하면 된다. 각각의 폰의 계정을 연결하여 동기화해 놓으면 중요 사진이나 메모나 일정을 여러 폰에서 공유할 수도 있기에 중요한 사진이나 정보는 자동으로 백업이 되는 소소한 효과도 누릴 수도 있다.

요즘엔 E-sim을 많이 사용하는 추세지만, 유심과 관련하여 덧붙이자면 열흘가량의 짧은 기간으로 여행을 한다면 한국에서 유심을 사서 들어와도 되고 수완나품 국제공항에서 사도 되겠지만, 수 주간 현지 유심을 사용해야 한다면 시내에 있는 통신사 지점에서 유심을 구입하여 상품을 선택, 가입하는 것이 상품이 훨씬 좋고 저렴하다.

필자의 경우 자주 태국으로 나오다 보니 여행과 여행의 텀이 몇 개월 되지 않아 이전 여행에서 쓰던 유심을 그대로 충전해서 사용하게 되기도 하는데, 가입 상품의 경우 대개 한 달 단위로 프로모션 상품이 판매

되기에 '한 달에 30기가, 현지 통화 무료' 같은 상품을 선택하여 가입한다.

방콕 시내 쇼핑몰에 있는 대형 AIS 지점의 모습. 수 주간 체류하는 경우라면 수완나품 공항에서 구입하기보다는 방콕 시내의 지점에서 프로모션 상품을 선택 가입하는 것이 더욱 저렴하고 상품의 내용도 좋다.

이렇게 좋은 조건의 상품도 유심을 포함한 금액이 수완나품 공항에서 가입하는 웬만한 단기 유심보다 저렴한 경우가 많기 때문에 단기 여행이라도 데이터 사용량이 많은 독자님들이 계시다면 공항에서 단기 유심을 구입하시기보다는 시내에 있는 대리점에서 유심을 사서 프로모션 상품을 선택, 사용해 보실 것을 권한다. 태국도 한국처럼 AIS, TRUEMOVE, DTAC 등 세 개의 주요 통신사가 있는데, 큰 쇼핑센터에 있는 대부분의 통신사 지점에는 English 전용 부스도 있으니 부담 없이 시도해 보시기 바란다.

다만 짧은 기간 머물거나 태국 말고도 인근의 다른 나라도 경유하여 한국으로 귀국하는 경우라면 그냥 한국에서 일주일이나 열흘짜리 동남아시아 10개국 유심 같은 걸 사 가지고 나오시는 편이 더 낫겠다.

26 The Fairy Feller's Master Stroke

　필자 개인의 이야기를 조금 쓰려 한다. 지금은 어떤지 모르지만 필자가 고등학생이던 시절엔 1학년 때 적성 검사라는 것을 했었다. 적성 검사를 통해 본인이 수리적인 자질이 뛰어난 걸로 나오면 다음 학년에 이과로, 그보다는 어문학적 자질이 뛰어나다고 판단되면 문과로 지원하도록 돕기 위해 그와 같은 검사를 한 것인데, 필자는 반에서 유일하게 문이과 적성이 50:50으로 나왔었다.

　차라리 51:49로 어느 한쪽이 조금이라도 높게 나왔으면 선택하기가 좋았을 텐데 정확히 50:50으로 나오니 어느 쪽으로 지원을 해야 할지 상당 기간 망설였던 기억이 있다. 어문학적인 자질은 없었지만 수학은 더 싫었기 때문에 문과를 지원하긴 했는데, 학년이 올라가며 컴퓨터 프로그래밍이 취미이자 특기로 자리 잡게 되어 문과생으로는 마땅히 가고 싶은 학과가 없다는 생각에 꽤나 후회했던 생각이 난다.

　결국 공학을 공부해 보고 싶은 욕망은 대학원에서 정보통신을 전공하며 어느 정도 해소할 수 있게 되었지만, 학부에서의 사전 배경이 부족한 상황에서 몇 과목은 따라가기가 결코 쉽지 않았다. 하는 수 없이 정보통신 경영으로 진로를 틀었고 그 결과 정보통신을 전공했지만 공학

석사가 아닌, 경영학 석사를 받을 수밖에 없었다. 여기까지 이상한 적성의 결과로 문과와 이과 사이에서 끝까지 방황했던 불행한 사람의 이야기.

그렇게 문과와 이과 사이에서 방황을 하면서도 일관성 있게 유지되었던 취미는 '끄적이는 것'이었다. 하루를 보내며 일기 비슷하게 끄적이기도 하고, 혹 여행이라도 가게 되면 여러 상황에서의 느낌을 끄적이기도 했다. 그 결과였을까? 열심히 쓰기도 했지만 대학원을 졸업하며 쓴 논문으로 최우수 논문상을 받게 되면서 글 쓰는 일의 재미를 알게 된 것은 물론, 글쓰기를 위한 기본적인 소양을 조금은 갖추고 있다는 사실을 깨닫게 되었다. 그리고 그 바탕으로 말미암아 감히 책을 써 보고 싶은 꿈도 꾸게 되었다.

그리고 살면서 언젠가 책을 쓸 기회가 온다면 영국의 락밴드 'Queen'에 대한 책을 쓰고 싶었다. 중학교 2학년 때 우연히 들은 「Bohemian Rhapsody」에 빠져 수십 년간 한결같이 좋아해 온 뮤지션이었고 국제 Queen 팬클럽 회원인 것은 물론, 1990년대, 한국 내에서 Queen 팬클럽을 수년간 운영하기도 한지라 쓸 내용도 많았다. 그런데 사람 일이라는 것이 재미있다. 전혀 생각지도 못했던 여행에 대한 책을 이렇게 쓰고 있으니 말이다.

여하튼 Queen에 대해서는 하고 싶은 말이 참 많은데 빗나간 김에 조금 더 이야기하자면, 영화 「Bohemian Rhapsody」로 말미암아 많은 사람들이 Queen의 멤버 네 명은 물론, 또 그들이 만든 노래에 열광하게 되었지만, 정말 오랜 Queen의 팬으로서 '프레디 머큐리'라는 인물에 대한 영화 내에서의 서술이 다소 자극적으로 전개된 듯한 느낌이 들어 아쉬웠다. 하긴 그의 전기傳記 영화도 아니고 제한된 시간에 상업적인 성공을 거두기 위해선 불가피한 선택이었겠지만, 그럼에도 불구하고 동성애나 마약 같은 프레디 머큐리의 인생에 있어 매우 지엽적인 부분들이 크게 부각되는 것 같아 참으로 안타까웠다.

2016년에 필자는 Queen의 발자취를 느끼고자 스위스 몽트뢰에 상당 기간 체류했었다. 프레디 동상의 얼굴 부분을 손바닥으로 닦아 거미줄을 없애고 매일 그가 살던 맨션 주변을 걸은 것은 물론, 당연히 매일 마운틴 스튜디오를 갔었다. 그때만 해도 영화가 나오기 전이라 특히 밤에 마운틴 스튜디오에 가면 때론 필자 혼자 머무는 경우가 많았는데, 그렇게 여러 날을 몽트뢰에 체류하며 그들의 숨결을 느껴 보는 것은 대단한 행복이었다. 마운틴 스튜디오는 여러 곡 가운데 「Mother Love」라는 프레디 머큐리의 'Swan Song'(백조가 죽기 전 마지막으로 토해 내는 울음을 빗대어 화가·음악가 등이 남긴 마지막 작품을 일컬음)을 간이 믹싱 머신으로 조절하여 들을 수 있게 해 놓았는데, 모든 반주를 끄고 보컬 영역만 살려 토해 내는 듯한 절절한 그의 음성을, 그가 영혼을 다해 노래를 부르던 그 장소에서 마주하는 것은 필자에게는 말로 형용할 수 없는 큰 감동을 주었다. 그러한 감동은 필자가 소년 시절, 처음 「Bohemian Rhapsody」를 들었을 때의 벅참과도 같았고, 오르세 미술관에 있는 고흐의 「La Nuit étoilée, Arles」(아를의 별이 빛나는 밤)를 처음 보았을 때의 전율과도 닮은 것이었으며, 「천지창조」라 일컫는 시스티나 성당 천장에 그려진 미켈란젤로의 천장화를 처음 마주했을 때의 감정과도 비슷한, 대단히 흥분되고 감동적인 설렘이었다.

2016년 스위스 몽트뢰에 위치한 마운틴 스튜디오에서 간이 믹싱 머신을 활용해 Queen의 곡들을 듣고 있는 필자. 그때만 해도 영화 「Bohemian Rhapsody」가 개봉하기 한참 전이라 밤에 마운틴 스튜디오에 가면 필자밖에 없는 날도 많았다. 몽트뢰에서 체류한 기간 내내 하루도 빠지지 않고 마운틴 스튜디오로 출근을 했는데, 그 나날들은 필자의 인생에 있어 결코 잊을 수 없는 행복한 시간이 되었다.

사람은 살면서 여러 순간 다양한 거룩함에 압도된다. 많은 경우 거대한 자연에 압도되지만, 음악에 압도되기도 하고 미술 작품에 압도되기도 하며, 때로는 사람이 지어 놓은 거대하거나 아름다운 건축물에 압도되기도 한다.

프레디 머큐리가 그처럼 아름답고 에너지 넘치는 작품들을 그렇게 많이 만들어 낸 원동력은 무엇이었을까? 그가 천부적인 소질과 재능을 갖고 있었던 것은 물론이거니와 어쩌면 그 자신이 원하든 원하지 않았든 여러 문화권에 머무는 인생 여행을 통해 다양한 경험을 한 결과가 아니었을까? 아프리카 대륙의 탄자니아 잔지바르에서 태어나 인도에서 학교를 다니고 다시 영국으로 건너와 대학을 마친 뒤 밴드 활동을 시작한 프레디 머큐리. 그의 어머니가 회고했듯 외로운 인도 유학 시절 자연을 관조하며 다양하게 들었던 여러 음악이 필경 그의 음악적 영감의 바탕이 되었을 것이다. 필자 같은 범인凡人도 여러 해 동안 태국을 벗 삼은 결과 감동받아 이렇게 책을 쓸 수밖에 없었는데 프레디 머큐리 같은 천재야 여러 대륙의 다채로운 자연과 음악, 미술이 주는 다양한 감동과 아름다움에 얼마나 더 경도될 수밖에 없었겠는가?

    그가 얼마나 천재인지를 웅변하는 수많은 증거 가운데 하나로 그가 작사, 작곡한 퀸 2집 「Queen II」 앨범에 수록된 「The Fairy Feller's Master Stroke」라는 곡을 들 수 있다. 「The Fairy Feller's Master Stroke」는 원래 19세기 후반 낭만주의 화가 '리차드 대드'가 9년간 그린 그림의 작품명인데, 이 그림을 본 프레디 머큐리가 영감을 받아 작곡한 것이 바로 같은 작품명의 「The Fairy Feller's Master Stroke」다. 곡의 가사를 보면 프레디 머큐리가 리차드 대드의 그림을 얼마나 잘 관찰했고 몰입했는지 잘 보여 준다. 그림에 대한 묘사가 디테일할 뿐만 아니라 등장인물들에 대한 해석에서 깊은 통찰력까지 느낄 수 있는데, 듣다 보면 그저 젊어서 마주한 미술 작품 하나를 이렇게 대단한 음악으로 재해석한 그가 놀랍기만 하다. 그의 작품이 모두 그렇지만 라임까지 철저히 신경 써서 만든 노래를 듣고 있노라면 완벽한 작곡 솜씨는 그렇다 치고 어떻게 이렇게 작사까지 뛰어날 수 있을까 하는 생각이 들어 소름이 끼칠 정도다. 그야말로 진정한 천재, 프레디 머큐리다. 가

사에 대한 한국어 번역은 곡명을 검색하면 쉽게 찾아보실 수 있기에 이 책에 따로 싣지는 않는다. 혹 「The Fairy Feller's Master Stroke」를 유튜브 등에서 들어 보고 싶으시다면 스튜디오 버전과 함께 1974년도에 녹음된 「Live At The Rainbow」 앨범에 수록된 공연 실황 버전을 꼭 함께 들어 보시기 바란다.

다시 여행 이야기로 돌아오자. 여행을 하다 보면 여러 요소를 통해 다양한 감흥을 얻게 된다. 시각과 청각은 물론, 후각, 촉각이 더해져 공감각적인 자극을 받게 되는데, 사람의 자질에 따라서 여행은 그 자체로 매우 훌륭한 교육이 될 수 있다. 마치 프레디 머큐리가 어려서부터 보고 들은 다양한 나라에서의 다채로운 경험이 평생의 좋은 자양분이 되어 그의 인생과 작품에 오롯이 남았듯이 말이다. 자녀가 남과 다른 크기로 성장해 나가길 원한다면 여행을 자주 시켜 주시라. 지출의 탈을 쓰고 있지만 철저히 인생의 저축이 되는 일, 그것이 바로 여행이다.

낭만주의 화가 리차드 대드가 그린 「The Fairy Feller's Master Stroke」. 프레디 머큐리는 동명의 곡을 통해 이 그림을 통찰력 있게 묘사한다. [Tate Gallery Britain 소장]

27 호랑이 동굴 사원

　태국은 불교인의 비율이 매우 높다. 많은 여행자들이 불교가 태국의 국교라고 오해를 하는데, 과거에는 국교였지만 1997년에 종교적 다양성을 인정하기 위해 국교를 해제했다. 하지만 전편에서도 잠깐 다룬 것처럼 불교 사원은 태국의 생활과 문화의 중심으로서 그 위상이 여전히 대단하다.

　필자는 태국 북부와 중부, 북동부(이싼), 서부, 동부, 남부에 이르기까지 웬만큼 이름이 알려진 중소 도시는 거의 다 가 보았고 대부분 체류해 보았는데, 한국으로 따지면 군 단위라고 할 수 있는 작은 규모의 도시라 할지라도 변변한 쇼핑몰은 없어도 불교 사원만큼은 여러 개가 있었다. 그도 그럴 것이 태국 국민의 생활에 있어 사원은 떼려야 뗄 수 없을 정도로 밀접한 관련을 맺고 있기 때문에 도시가 제대로 기능을 하려면 대형 마트는 없어도 사원은 꼭 있어야 하기 때문이다.

기어서 통과하면 액운이 사라지고 좋은 일이 오게 된다는 사원 안의 제단을 통과 중인 모녀. 사원의 규모가 어떻든 태국인들이 사원에 대해 나타내는 신뢰와 믿음은 가히 절대적이다.

그러한 연유로 많은 사원들이 태국 도처에 자리하다 보니 동명이사同名異寺가 많다. 치앙마이에 있는 유명한 사원인 '왓 차이몽콘'도 치앙마이에만 있는 것이 아니며, 방콕 왕궁과 붙어 있는 '왓 프라깨우' 역시 같은 이름으로 다른 도시들에도 존재한다.

필자는 불교인은 아니지만 태국 사람들의 생각과 생활을 이해하기 위해 여러 사원을 둘러보았는데 그 규모가 어떠하던 사원을 대하는 태국인들의 자세는 당연히 매우 진지했고 또 경건했다. 그렇게 둘러본 여러 사원 중, 필자의 기억에 남았던 굉장히 인상적인 사원이 두 군데 있는데, 공교롭게도 두 군데 사원의 이름이 모두 같다. 바로 '왓 탐쓰아(호랑이 동굴 사원)'다.

필자에게 강한 인상을 남긴 이 동명의 '왓 탐쓰아'는 각각 깐짜나부리와 끄라비에 있는 사원인데, 먼저 깐짜나부리의 왓 탐쓰아는 먼발치에

27 호랑이 동굴 사원 247

미나 카페에서 바라본 깐짜나부리 '왓 탐쓰아'. 건물 양식이 전형적인 사원의 느낌이 아니어서 처음 봤을 땐 '저 사원 안에는 뭔가 놀이공원으로서의 요소가 함께 있지 않을까?' 하는 착각을 불러일으켰다. 산 밑까지 차를 몰고 가서 위를 올려다보면 어딘가 가우디의 사그라다 파밀리아 성당과 피사의 사탑을 섞어 놓은 것 같은 느낌도 받는다.

서 처음 마주한 순간, 필자에게 롯데월드나 에버랜드를 보고 있는 듯한 착각을 불러일으켰다. 저 사원에 가면 뭔가 놀이기구도 함께 있을 것 같은 착각을. 그도 그럴 것이 일반적인 사원과는 모양과 형태에서 전혀 다른 느낌을 주기 때문이다.

　차를 대 놓고 논길을 걸어 들어가면 왓 탐쓰아를 아래에서 바로 올려다볼 수 있는데, 그렇게 바라보고 있노라면 왠지 가우디의 사그라다 파밀리아 성당을 보고 있는 듯한 느낌이 든다. 외관상 기기묘묘한 느낌이 드는 사원. 하지만 다시 차를 몰아 사원 주차장에 차를 대고 막상 경내로 들어가 보면 그 느낌은 여느 사원과 크게 다르지 않다. 만약 필자처럼 벌판을 좋아하는 '벌판 성애자' 독자님이 계시다면 꼭 한 번 가 보실 것을 권하고 싶을 만큼 사원 주변으로 탁 트인 전경이 아름답다. 아름다운 전경 외에도 '미나 카페'나 전망 좋은 레스토랑과 국숫집들도 있어 해 질 녘에 가면 아름다운 뷰를 감상하며 식사를 하거나 차를 마시기에 더할 나위 없다.

왓 탐쓰아 주변의 흔한 목가적인 풍경. 필자처럼 광활한 벌판이나 탁 트인 경관을 좋아하는 분에게 추천한다. 자연 농법으로 1년에 2모작이나 2년에 5모작 정도를 하다 보니 논 주위에는 우렁이가 많다.

깐짜나부리 왓 탐쓰아가 바로 보이는 식당에서 한 컷. 근처에는 여러 식당들이 있는데 깊은 맛보다는 음식이 전체적으로 정갈하고 주변의 경치가 좋아서 먹는 내내 즐거움을 더한다.

깐짜나부리의 '왓 탐쓰아'가 외형적인 특징으로 신비감을 불러일으킨다면 끄라비의 '왓 탐쓰아'는 그 높이에서 인상적이다. 본당 건물은 1층에 자리하고 있지만, 산꼭대기의 금불상을 보기 위해서는 무려 1,260 계단을 올라 왓 탐쓰아 전망대이자 산 정상까지 이르러야 한다.

필자는 매일 꾸준한 운동을 해 온 터라 체력엔 어느 정도 자신이 있었다. 운동 삼아 아파트 20층, 600 계단 정도는 매일 걸어 오른 바 있어 한 40분이면 충분히 오를 것 같았다.

그렇게 호기롭게 시작한 계단 오르기. 필자가 미처 생각하지 못한 변수가 있었으니 한국의 아파트 계단은 실내인 데다 한여름이 아니면 온도가 그다지 높지 않은 반면, 끄라비의 왓 탐쓰아는 기본적으로 기온과 습도가 높아 금방 지친다는 것이었다.

'헉헉, 그냥 다시 내려갈까?'

친절하게 계단 기둥마다 빨간색 스프레이로 숫자를 표시해 놓았는데, 기둥을 보니 400 계단이 넘었다. 400 계단이면 그래도 1/3을 올라온 셈인데 여기서 포기한다는 것이 마냥 아쉬웠다. 나중에 알고 보니 대부분의 사람들이 400 계단 언저리에서 처음 힘들다는 생각을 하게 되는데, 그때 포기하고 내려가지 않으면 지금까지 올라온 것이 아까워서 계속 올라가게 되는 구조. 마치 주식도 15퍼센트쯤 빠졌을 때 눈물의 손절을 해야지 오를 것 같아서 붙들고 있으면 결국 반토막 나는 것과 같은 이치?

게다가 계단은 말이 계단이지 높은 건 계단 한 칸의 높이가 50센티쯤 된다. 그런 가파르고 큰 계단을 1,260개나 딛고 서야만 정상을 마주할 수 있는 것이다. 700 계단을 넘으면서는 포기하고 싶었고, 800 계단을 넘어서면서부터는 자주 앉아서 쉬었으며, 900 계단을 넘고 나서는 내려오는 사람마다 붙잡고 얼마나 올라가야 정상이냐고 물었다. 1,260 계단까지 오르며 아마 족히 여덟 번 정도는 앉아서 쉬었던 것 같다. 태국의 여러 여행지에서 많은 경험과 체험을 했지만, 끄라비의 왓탐쓰아는 힘듦에 있어서 태국에서 거의 5위 안에 드는 곳이었던 것 같다.

계단의 경사 사진. 보기에 벌써 힘들어 보이지 않는가? 계단 가운데 어떤 것은 턱이 유난히 높아 올라가다 보면 무척 지친다. 뒤의 봉을 보면 984라고 쓰여 있다. 아직 250 계단을 더 올라가야 정상이다.

1,000 계단 기념 촬영. 마지막 1,260 계단에서 찍은 필자의 직찍이 있긴 한데 너무 땀범벅이라 이 사진을 싣는다. 오르기 전 적어도 500ml 생수 두 병 정도를 꽝꽝 얼려서 오르실 것을 권한다.

파노라마 기능으로 찍은 끄라비의 왓 탐쓰아 정상의 뷰. 올라올 때의 고단함을 모두 상쇄하고도 남을 만큼 아름다운 경치와 만날 수 있다.

정상에는 마실 수 있는 물과 더불어 좋은 경치가 기다리고 있었다. 차와 집이 콩알 크기로 보이는 걸 보면 정말 높이 올라오긴 한 모양이다. 시간을 보니 총 1시간 40분가량 소요되었다.

끄라비는 이처럼 멋진 '왓 탐쓰아' 말고도 아름다운 '아오낭 비치'를 비롯해 푸켓이나 팡야만 국립공원으로 쉽게 나갈 수 있는 페리 상품도 있으며, 핫야이의 사뚠을 경유하면 꼬리뻬까지의 이동도 나쁘지 않다. 심지어 국내선 정도의 가격으로 저가 항공을 타고 말레이시아로 나갔다 오기에도 좋다. 아오낭 비치의 숙소들은 뷰에 비해 가격이 그다지 비싸지 않은데 근처에 마트도 가까워 오랫동안 거주하기도 좋다. 태국 남부에서 유명한 푸켓, 끄라비, 꼬싸무이 가운데 필자의 주관적인 느낌으로는 끄라비가 머물기에 가장 편했다.

끄라비 아오낭 비치에서 선셋을 즐기고 있는 여행객들. 끄라비는 이름난 휴양지임에도 푸켓이나 수랏타니의 꼬싸무이보다는 물가도 상대적으로 저렴하여 장기 여행하기에도 좋은 편이다.

동굴에서 호랑이와 함께 기거하며 정진했다는 전설이 남아 있기 때문인지 결코 만만한 느낌이 아닌 두 곳에 위치한 호랑이 동굴 사원. 아직 태국의 어느 도시로 여행할 것인지 정하지 못하셨다면 입국 공항이 방콕이라면 깐짜나부리, 푸켓이라면 끄라비를 검토해 보시라. 사원의 특이한 모습은 물론이고 주변의 아름다운 경관은 덤으로 즐기실 수 있는 좋은 기회가 될 것이다.

28
건기의 시작을 알리는 축제, 러이 끄라통

지금까지 이 책을 빠짐없이 읽어 오신 독자라면 매년 4월에 있는 송끄란 축제에 대한 내용을 이미 읽어 보셨으리라. 송끄란 축제가 다른 사람들에게 물을 뿌리며 축복을 기원하는 성격이라면 건기가 시작되는 시점에 준비한 '배'를 물에 띄우는 것, 바로 러이 끄라통 축제다. 송끄란 축제에 다른 사람의 행복이나 공경의 의미가 담겨 있다면, 러이 끄라통은 자기 자신을 위한 의미가 담겨 있어 송끄란에 비해 조용하고 차분하다.

러이 끄라통이 다가오면 세븐일레븐이나 빅씨 같은 편의점이나 마트에서는 '러이러이 끄라통~ 러이러이 끄라통~' 하는 경쾌한 멜로디의 러이 끄라통 노래를 틀면서 분위기를 잡는다. 러이 끄라통 축제는 한국 사람에겐 송끄란만큼 잘 알려진 축제는 아니지만, 태국 사람들에게는 매우 중요한 전통 축제라고 할 수 있다.

새해맞이인 송끄란이 4월 15일에서 17일까지 고정된 일자에 열린다면, 러이 끄라통은 타이력 열두 번째 달 보름에 열리는 축제로 우리의 음력처럼 일자가 가변적이어서 일반 달력으로는 대개 11월 중순이나 말에 열리며 드물게 10월 말이나 11월 초가 되기도 한다. '러이'는 뭔가를 물에 띄워 보내는 것을, '끄라통'은 야자나무 토막에 바나나잎 등을 붙여 만든 작은 배를 일컫는데, 대부분의 참여자들은 끄라통을 직접 만들고 꾸미는 것이 일반적이지만, 바쁜 사람들이나 어떻게 만드는지를 잘 모르는 외국인들은 행사장에서 업자들이 만들어 파는 끄라통을 사서 띄우기도 한다.

야자나무 토막에 바나나 잎과 꽃들을 붙여 판매용 끄라통을 전문으로 만들고 있는 업자들. 생화를 붙여 만든 데다 이날 밤이 아니면 판매가 쉽지 않다 보니 늦은 밤에 가면 굉장히 저렴한 가격으로 구입할 수 있다.

저마다 끄라통의 크기나 모양이 다 다르다 보니 이를 지켜보는 것도 재미있다. 어떤 사람은 슈퍼 라지 사이즈 피자 크기로, 어떤 사람은 한국 씨앗 호떡 지름보다도 작은 꼬마 끄라통을 띄운다. 최근엔 MZ 세대를 비롯하여 환경오염을 염려하는 사람들이 나무나 바나나잎을 사용하지 않고 빵으로 만든 끄라통을 띄우기도 하는데, 물에 띄우면 빵이 쉽게 물에 젖어 나무나 잎으로 만든 끄라통보다는 빠른 시간에 물속으로 잠기긴 하지만 자연스럽게 물고기의 밥이 되므로 환경에 도움이 되기 때문이다.

러이 끄라통 축제가 단순히 끄라통만 띄우는 것은 아니다. 아유타야나 수코타이 등 지방 중소 도시들은 미인 선발대회, 음식 축제, 보트 경주 같은 여러 가지 이벤트를 준비하여 개최하기도 하고 불꽃놀이를 개최하기도 한다. 방콕만 해도 짜오프라야강에서 불꽃놀이가 진행되고 싸얌 파라곤이나 아이콘 싸얌에 가면 예쁜 끄라통 만들기 같은 이벤트를 진행하기도 한다. 짜오프라야강의 왓아룬이나 아이콘 싸얌 주변은 1년 내내 관광객들이 넘쳐 나지만, 일 년 열두 달 비교적 조용하던 프롬퐁의 벤짜시리 공원이나 룸피니 공원처럼 호수가 있는 방콕의 공원들이 엄청난 인파로 뒤덮이는 것은 러이 끄라통 축제가 있는 바로 이때다.

조용하고 한적한 룸피니 공원의 모습. 러이 끄라통 축제 때는 호수가 있는 방콕의 공원들이 엄청난 인파로 뒤덮인다.

짜오프라야강은 북쪽 나콘사완이라는 곳에서 '핑강'과 '난강'이 합쳐져 한 물결을 이룬 강이다. 사진은 러이 끄라통 축제가 있던 날, 아이콘 싸얌 근처에서 배를 타고 찍은 것인데 넓은 강폭의 짜오프라야강의 야경이 매우 아름답다. 러이 끄라통 때에는 아이콘 싸얌에서도 끄라통을 띄우는 사람들을 많이 볼 수 있다.

짜오프라야강에서 수거 중인 끄라통들. 자연보호 측면에서는 우려되는 부분이 많아 하류에서는 장비와 인력을 투입해 이처럼 즉시 수거, 폐기한다.

28 건기의 시작을 알리는 축제, 러이 끄라통

짜오프라야강이 시작되는 나콘사완 두물머리의 모습. 오른쪽 핑강이 왼쪽 난강과 합쳐져 짜오프라야강이 되어 중앙으로 나아간다. 이 작은 물길이 방콕에서 보는 그 큰 짜오프라야강의 원류가 되는 것.

나콘사완의 두물머리에서는 이와 같이 짜오프라야강의 시작점임을 알리는 사인물을 만날 수 있다.

아유타야나 방콕, 수코타이 등과 더불어 러이 끄라통 축제가 특히 유명한 곳은 치앙마이다. 풍등 날리기로 유명한 타이완의 '스펀十分'처럼 치앙마이에서는 매년 러이 끄라통 때마다 수많은 풍등을 일거에 날리는 행사가 포함된 '이펭 축제Yi Peng Festival'가 펼쳐지는데 종이 풍등이 흔들흔들 올라가며 밤하늘을 수놓는 모습을 보기 위해 전 세계의 많은 여행자들이 이 기간, 치앙마이를 찾는다.

환경오염을 줄이고자 거북이 모양의 빵으로 만들어진 끄라통들. 등에 '촉디(행운을 빌어요)'를 비롯하여 다양한 문구가 쓰여 있다.

Chiangmai CAD
— Eco Friendly —
Khomloy Sky Lanterns Festival
~ 2025 ~

2025년 11월에 있을 이펭 축제 행사 포스터. 러이 끄라통 기간에 열리는 이펭 축제 티켓을 구입하면 풍등 날리기 및 다양한 민속 공연들과 액티비티에 참여할 수 있다. [출처: yipengchiangmailanternfestival.com]

5, 6 NOVEMBER 2025
AT THE CAD CULTURAL CENTER LANNA, ON KLANG SUBDISTRICT, MAE ON DISTRICT, CHIANG MAI

| PRE RESERVE TICKET TRANSPORTATION IS INCLUDED** | ELITE SEAT **15,500** THB. VAN + EXCLUSIVE DINNER | PREMIUM SEAT **6,900** THB. VAN + DINNER | VIP SEAT **6,400** THB. VAN + DINNER | STANDARD SEAT **4,800** THB. RED CAR, BUS + DINNER |

송끄란은 새해맞이 축제라고 했는데, 그럼 러이 끄라통은 무슨 의미를 담고 있을까?

러이 끄라통은 우기가 끝나고 건기가 시작되는 시점에 개최된다. 러이 끄라통을 기점으로 비가 그치고 본격적으로 맑은 하늘과 선선한 건기가 시작되는 것이다. 필자의 생각이지만 건기가 우기로 바뀌는 시점에는 송끄란을 통해 그간 부족했던 '물'을 뿌리고, 다시 우기에서 건기로 바뀌는 시점에는 '불'을 사용하는 러이 끄라통 축제를 통해 꿉꿉함을 없애고자 했던 것은 아닐까?

보름달 아래서 저마다의 끄라통을 물에 띄우는 태국 사람들. 러이 끄라통은 태국의 강과 호수가 많은 인파로 붐비는 날이기도 하다.

별자리를 각 월(月)의 이름으로 삼았던 것만큼 각종 축제를 통해서 낭만과 여유를 즐겨 온 태국 사람들. 꼭 러이 끄라통 축제를 즐기지 않는다 하더라도 러이 끄라통이 열리는 시기는 덥지 않아 태국을 여행하기 좋은 기간인 데다가 11월에는 방콕에서도 멀지 않은, 부리람 옆에 위치한 '쑤린'이란 지역에서 열리는 '코끼리 몰이 축제' 역시 유명하므로 잘 계획한다면 보다 다채로운 모습의 태국을 즐기실 수 있겠다.

29
걷지 마세요, 택시에 양보하세요

2000년대 초중반, 태국을 여행할 때는 중국 관광객들이 지금처럼 많지 않았다. 오히려 길에서 마주하는 동아시아계 여행객 가운데 상당수는 일본 관광객들이었던 것으로 기억한다.

그러다가 2010년대 들어서 중국 관광객들이 늘어나기 시작했고, 2010년 중반에 접어들면서 많은 중국 관광객들로 인해 불편함을 느끼게 될 정도가 되었다.

특히 태국 닉네임을 스스로 '두리안'이라고 지을 만큼 두리안을 좋아했던 필자는 너무 익어서 태국 현지인들은 별로 좋아하지 않는, 익었다는 의미의 'สุก(쑥)' 두리안을, 그전까지는 끌렁떠이나 후웨이꽝, 온눗 등 어느 시장이나 내키는 대로 나가서 아주 편하고 쉽게, 떨이로 사다가 저렴하게 먹어 왔었는데, 2010년대 후반으로 접어들며 같은 '쑥 두리안 시장'을 노리는 중국 관광객들로 말미암아 두리안 시장의 판도가 점차 변화되는 것이 감지되더니 최근엔 두리안 철에도 두리안 자체가 그전처럼 많지도, 싸지도 않게 되었다. 필자는 이 모든 것이 태국 여행을 통해 두리안 맛에 눈을 뜬 중국 관광객 때문에 벌어진 일이라고 생각하는데, 그도 그럴 것이 2023년 한 해에만 태국에서 중국으로 무려 93만 톤에 달하는 두리안이 수출되었고, 중국 전체 두리안 물량의 65%를 태국 두리안이 담당했다고 하니 태국의 두리안이 그전처럼 흔하지도, 저렴하지도 않은 것은 어쩌면 당연한 일이다.

2020년까지만 해도 성업을 했던 방콕 바이욕 호텔 18층 두리안 뷔페. 마음껏 먹을 수 있었던 데다가 냉장 보관되어 있어 더욱 맛있었다.

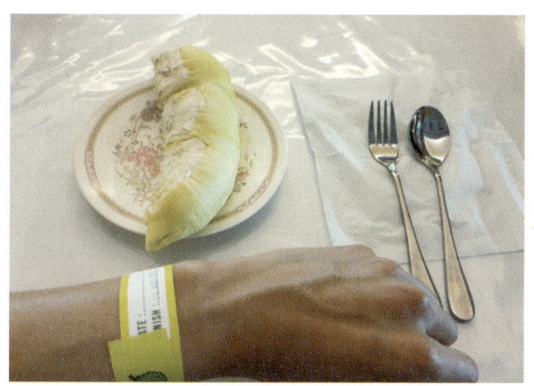

식사 제한 시간이 있었던 바이욕 두리안 뷔페에서의 필자. 입장료를 내면 저렇게 손목에 제한 시간이 찍힌 팔띠를 해 준다. 필자가 두리안을 쉬지 않고 먹은 최고 기록은 2020년 1월, 라용 수파트라 농장에서 세운 연속 23개. 2020년대 접어들며 중국에서의 두리안 수입이 증가하면서 태국 내에서 두리안 뷔페는 눈에 띄게 줄어들고 만다.

예쁘게 진열된 두리안의 모습. 최상품이긴 하지만 kg에 249바트도 아니고 무려 100g에 249바트라니! 이 정도면 가격만 놓고 볼 때 차라리 한국에서 냉동 두리안을 사 먹는 게 더 저렴할 수도 있다.

상황이 이렇다 보니 필자는 닉네임만 두리안이지 예전처럼 태국에서 두리안을 마음껏 먹지 못했고, 베트남 두리안이 좀 더 싸다는 소문으로 말미암아 충분한 두리안 섭취를 위해 부득이 태국에서 일주일간 베트남 호치민으로 두리안 원정을 떠나기에 이른다.

결론적으로 말하면 호치민 원정은 절반의 성공이었다. 주로 중국으로 물량이 수출되는 태국보다는 베트남의 두리안이 좀 더 흔하고 조금 저렴했다. 하지만 두 가지 점에서 호치민으로의 두리안 원정은 필자에게 태국과는 다른, 즐겁지 않은 느낌을 주었는데, 그 한 가지는 태국과 비교하여 호치민 사람들의 상대적으로 열악한 위생 관념을 꼽을 수 있겠다. 필자가 만난 여러 명의 노점 두리안 장사들은 별도의 요청이 없는 한 아무것도 깔지 않은 땅바닥에다 두리안을 놓고 자르기를 주저하지 않았다. 태국에서는 아무리 노점상이라 할지라도 도마에 두리안을 올려놓고 잘라 줄 뿐만 아니라 그 도마마저도 손수레 위에 놓여 있는 것이 일반적이다. 심지어 두리안의 익은 정도를 측정하기 위해 세모로 칼집을 낸 두리안 안으로 손가락을 집어넣어 촉진(?)을 할 때는, 태국에서는 당연히 두리안을 포장할 때 쓰는 종이나 위생 장갑으로 직접 손가락이 두리안에 닿지 않게 배려하는데, 베트남에서는 사는 사람이나 상인이나 그냥 손가락으로 직접 두리안의 과육을 만지는 모습을 여러 번 볼 수 있었다.

그냥 땅에 두리안을 놓고 칼집을 내다가 사진을 찍으려니까 호다닥 두리안을 들고 포즈를 취해 주셨던 베트남 호치민의 두리안 상인 아저씨. 단기간 머문 필자의 속단일지는 몰라도 베트남 사람들의 위생에 대한 관념은 태국에 비해 많이 낮아 보였다.

또 하나 아쉬운 점이라면 주로 퇴근 시간, 오토바이가 차도에서 인도로 너무 자유롭게 넘나든다는 점이었다.

베트남에 익숙한 여행자라면 이 역시 익숙할지 모르겠다. 하지만 인도라서 마음 놓고 걸어가고 있던 필자에게 갑자기 뒤에서, 그것도 너무나 당당하게 떼로 몰려오는 오토바이 무리는 베트남과 호치민에 대한 호감을 반감시키는 요인이 되었다. 위생 관념과 더불어 안전에 대한 개념도 낮다면 여행객의 입장에서 그 나라, 그 도시는 다시 찾고 싶지 않은 곳이 될 수도 있다. 물론 일주일 정도만 머물렀기에 필자의 평가에 속단의 오류가 있을 수 있지만, 아무리 짧게 체류했음에도 그런 아쉬움은 태국에서는 경험해 보지 못했던 실망스러운 부분이었다.

뒤편에서 갑자기 나타나 필자를 놀라게 했던 베트남 호치민의 수많은 오토바이들. 호치민에서는 인도와 차도를 넘나드는 오토바이 운전자들을 아주 쉽게 만날 수 있었는데, 인도로 올라오면 안 된다는 것을 아는데 길이 막혀 부득이하게 올라오는 느낌이 아니라, 보행자에 대한 고려 없이 운전자의 모습이 매우 당당하고 떳떳해 보였다.

태국 역시 오토바이 수에 있어서 베트남의 추종을 불허한다. 대도시는 물론 지방 소도시라 할지라도 쇼핑센터에 가 보면 오토바이 주차장이 따로 마련되어 있는데 오토바이가 얼마나 주차되어 있는지 이 끝에서 저 끝이 안 보일 정도다. 주차장 섹션을 구분하는 영문과 숫자를 기억하지 못하면 찾기가 어려울 정도로 많다.

후아힌의 한 쇼핑센터에 있는 오토바이 전용 주차장에 주차되어 있는 오토바이들. 대단히 많아 보이지만 주차장 한가운데서 동영상으로 찍었던 것을 일부 캡처한 사진이라 이 사진에서 벗어난 좌측과 우측으로 사진 속 오토바이의 4배쯤 되는 오토바이가 더 서 있는 것은 안 비밀.

이렇게 오토바이가 많은 태국이지만 아무리 길이 막히는 퇴근 시간이어도 사람이 지나가고 있는 좁은 인도로, 게다가 사람의 뒤편에서 안전을 무시한 채 굉음을 내며 지나가는 일은 거의 없기에 호치민에서의 경험은 쉽게 이해되지 않았다. 아마도 호치민 사람들은 오토바이를 사람과 한 몸으로 결합된 하나의 지체로 여기는 건 아닐까 하는 생각마저 들었다.

그럼 태국의 교통 문화는 어떨까? 오토바이가 인도를 침범하는 일은 드문 일이긴 해도 태국의 교통 문화와 관련하여 개인적으로 아쉬운 부분은 태국 역시 전반적인 시스템이 대단히 '차량 중심적'으로 되어 있다는 것이다. 꽤나 유동 인구가 많은 도시의 사거리임에도 사람이 건너갈 수 있는 횡단보도나 육교가 아예 설치되지 않은 곳이 많으며, 이용을 위해서는 상당히 걸어가야 되기에 불가피하게 무단 횡단을 하게 되는 곳이 많다.

한번은 일이 있어 숙소를 방콕 람인트라 인근에 잡고, 점심을 먹기 위해 큰길을 건너 'Central Eastville' 쇼핑 센터로 가려는데 길의 좌측 끝에서 우측 끝까지 보아도 육교나 횡단보도라곤 없었다. 하는 수 없이 쌩쌩 달리는 차를 피해 길을 건너는데 지나가는 차들이 조금도 속도를 줄이지 않고 지나가는 터에 자칫 사고가 날 뻔한 적이 있었다.

아마 운전자들은 이런 불만에 짜증이 나 있었을 거다. '아니, 저 외국인은 차도를 왜 저렇게 자기 멋대로 건너는 거야?' 하지만 그들은 늘 차로, 적어도 오토바이로 그 길을 다니는 터라 그 긴 차도의 이 끝부터 저 끝까지 족히 1km가 되는 길 내내 보행자를 위한 신호등이 설치된 횡단보도나 육교, 지하도가 없다는 사실을 전혀 인지하지 못하고 있었을 것이다.

그럼 왜 이렇게 보행자를 위한 배려가 결여되어 있을까? 태국은 더운 나라다. 날이 덥다 보니 그 누구도 잘 걸으려 하지 않는다. 집에서 편도 500미터쯤 떨어진 세븐일레븐에 물건을 사러 간다고 하면 한국 사람들은 집에서 입던 옷에 슬리퍼를 신고 운동 삼아 집을 나와 걸어갔다 오겠지만, 태국에서는 그럴 때 스쿠터를 타고 나간다. 아주 심한 극빈층이 아니라면 적어도 집에 스쿠터 한 대는 있다. 웬만한 가정이면 차와 오토바이와 스쿠터가 사람 수대로 있는 집이 많다.

이렇다 보니 보행자가 걷기 좋은 환경을 만들기 위한 노력을 그다지 하지 않는다. 태국의 여러 중소 도시는 물론이고 수도인 방콕이라 할지라도 인도를 걷다 보면 갑자기 길이 끊기거나 인도를 80% 정도 막고 있는 전봇대나 전기 시설물을 마주하기 일쑤다. 어디 그뿐인가? 필자는 밤거리 인도를 걷다가 늘어져 있는 전선에 목이 걸린 적도, 늘어진 철사로 인해 이마에 상처를 입은 적도 있었다.

사람은 어디로 가란 말인가? 전봇대를 비롯하여 여러 시설물로 가로막혀 있는 태국의 인도. 인도 자체도 워낙 좁은 데다 시설물이나 늘어진 철사나 전깃줄처럼 여러 장애물도 있어 특히 밤에는 주의해서 걸으실 것을 당부드린다.

그런 어려움에도 상황상 꼭 걸어야 하는 상황에 놓였다면 구글맵 등을 활용하여 지시되는 길로 걷는 것이 좋다. 태국은 골목이 이어질 것 같지만 이어지지 않는 경우가 많고 지름길처럼 보인다고 해서 처음 가보는 곳을 마음대로 걷다간 결국 높은 담벼락이나 사유지 등을 만나 목적지를 지척에 놓고 다시 걸어온 길을 되짚어 돌아와야 하는 경우가 정말 많기 때문이다. 날이라도 시원하면 운동했다 칠 텐데 더운 날 그런 일을 겪으면 굉장히 지친다.

그러므로 가까운 목적지가 아닌 경우는 물론, 비교적 가깝다고 해도 확실하게 아는 길이 아니거나 태국 여행 초심자라면 되도록 걷기보다는 택시 등을 이용하여 이동하실 것을 추천한다.

지금까지 특히 보행자의 입장에서 태국의 교통 문화를 살펴보았다. 이런 배경과 상황으로 인해 스쿠터라도 탈 줄 알면 태국에서 여행을 하는 데 많은 도움이 된다. 혹시 탈 줄 모른다고 해도 요새는 볼트나 그랩 같은 공유 차량 서비스가 상당히 잘되어 있어 큰 어려움 없이 즐거운 여행을 할 수 있게 되었다. 그럼에도 불구하고 태국 중소 도시 여행을 하다 보면 걷기는 어렵고, 스쿠터나 오토바이 타기는 겁이 나고, 택시나 그랩은 잘 안 잡혀서 속 터지는 경우가 있을 수 있는데 여행에서 최고의 덕목은 '안전'임을 잊지 마시고 항상 여유를 가지시길 바란다. 조금 못 보고 조금 못 즐겨도 건강하게 귀국할 수만 있으면 다음에 다시 나오면 된다. 오라오라병에 걸린 이상 태국을 나올 기회는 얼마든지 또 주어질 테니 말이다.

태국의 시골에서 오토바이에 주유를 하고 있는 모습. 좌측 모자를 쓴 분이 기름을 파는 분이고 우측 아저씨가 오토바이 운전자이다. 자동차는 연료탱크가 커서 시내에 있는 주유소로 나가 기름을 넣는 것이 경제적일 수 있는데, 오토바이의 경우 넣는 양이 적어 한참을 타고 나가 주유소에서 기름을 넣기보다는 동네 어귀에서 병에 담은 휘발유를 구입하여 넣는 경우가 흔하다.

태국의 지방 도시에 설치되어 있는 주유 자판기. 왼쪽이 옥탄가가 높은 고급 휘발유인 '까하(95)', 오른쪽이 일반 휘발유인 '까능(91)'이다.

30
인스턴트 커피를 더 맛있게 타는 방법

이 책을 꼼꼼하게 읽은 독자라면 기억하실지 모르겠다. 필자가 들개의 습격을 받았을 때 오토바이를 타고 나와 개들에게서 필자를 구해 줬던 그 집주인 아저씨. 그 아저씨 이야기를 하려 한다.

그분은 꽤 높은 계급의 전직 군인이었다. 한국도 한참 군인을 우대하던 시절이 있었는데 태국은 아직도 군경, 특히 군인이 가지고 있는 파워가 꽤 있다. 그러다 보니 이미 서술한 총기 난사라든지 사회적인 문제가 간혹 이슈가 되긴 하지만, 어쨌든 태국에서 군인은 사회적으로 꽤나 대접받는 직업 중에 하나다.

이분은 Jittrakorn이라는 성씨를 가진 분이었는데, 이 아저씨 집 옆의 길 이름이 아저씨의 성씨를 딴 'Jittrakorn Soi'였다. 마치 천안 서북구에 마라톤 선수 이봉주의 이름을 딴 '봉주로'가 있고 화성 동탄에 가면 축구 선수 박지성의 이름을 딴 '동탄지성로'가 있는 것처럼 말이다. 그분은 필자에게 그 길을 가리키며 '여기 다 내 길이라고, 내 허락 안 맡으면 다닐 수 없다.'라고 웃으며 농담을 하곤 했다. 처음엔 정말 말수가 없고 과묵한 분이었는데 친해지니 세상 유쾌하고 재미있는 아저씨였다.

하루는 과거에 있었던 일을 이야기해 주었는데, 옆집에서 소 관리를 못해 아저씨 밭의 작물을 다 못 쓰게 만들어 버리고 말았다. 그래서 다시는 이런 일이 일어나지 않도록 단단히 주의를 주었음에도 채 몇 달이 지나지 않아 같은 일이 다시 발생하게 되었다. 아저씨의 집안 사람들이 다들 너그러운 편이어서 딱 거기까지만 일이 벌어졌어도 괜찮았을 텐데, 옆집 소가 밭을 못 쓰게 한 데 이어 아저씨의 집 대문까지 어기적어기적 다가왔고 바로 그때, 아저씨 가족들의 사랑을 독차지하고 있던, '팬더'라는 이름의 당시 키우던 작은 애완견이 홈그라운드에서는 사자도 이기겠다 싶었는지 소에게 맹렬하게 짖으며 달려들었단다. 문자 그대로 하룻강아지 소 무서운지 모르고 덤빈 꼴인데 열받은 옆집 소가 냅다 이 꼬마 애완견 팬더를 들이받아 버리고 말았고, 당연히 작은 애완견이었던 팬더는 힘없이 하늘로 붕 떴다가 땅으로 떨어졌는데 눈에 눈물이 맺혀 있었고 그 후 며칠간 밥도 안 먹고 시름시름 앓다가 그만 무지개다리를 건너게 되었다고 한다.

당시 딸의 보고를 받고 현장으로 나와 본 아저씨는 대문 앞에 널브러진 애완견 팬더를 보고는 옆집 인간들 다 죽여 버리겠노라고 즉시 방에서 총을 들고 나와 옆집으로 향했고, 옆집 마당에서 공중을 향해 총을 두 방 쏴서 옆집 사람들이 혼비백산했단다. 다행히 아저씨의 아내를 비롯해 친척들과 이웃들이 죄다 나와 말린 덕분에 인명 피해 없이 끝이 났고 그날 이후로 옆집은 소를 팔아 버리고 다시는 키우지 않아 어떠한 싸움이나 피해가 더는 발생한 적이 없다고 했다.

아무리 애완견 때문이라도 이웃에게 그렇게까지 성을 냈다는 사실이 믿어지지 않을 만큼, 필자에게는 너무나 다정하기만 한 아저씨였기에 그 장면이 그려지진 않았지만, 필자의 생각에 그분이 한 번 그토록 화를 낸 것은 모종의 자격지심이 아니었을까 하는 생각이 들었다.

왜냐하면 그 아저씨는 당뇨 합병증 등으로 한쪽 다리를 약간 저는 분이었기 때문이다. 스스로 차 운전이나 오토바이 운전도 가능하고, 걸어서 움직이는 것도 가능했지만, 완전히 동작이 매끄럽고 자유롭지는 않았다. 그러면서도 누군가가 자신을 부축하거나 도와주는 것은 절대 받아들이려 하지 않았다.

한번은 동네 철물점으로 여러 자재를 살 일이 있다 하여 아저씨 차로 주인아주머니와 함께 시내를 나간 적이 있었다. 시멘트를 포함해 물건을 차에 싣는 건 아무렇지 않게 필자의 도움을 받아들였지만, 본인을 부축하는 것만큼은 괜찮다며 단호하게 거부하였고 아내인 아주머니 역시 차에 타는 동안 그런 남편을 애써 부축하지는 않았다. 아마 그분의 마지막 자존심인 듯싶었다.

Jittrakorn 아저씨에 대한 설명은 여기까지 하고 어쨌든 그 아저씨 집에 머물며 가족처럼 지내다 보니 집의 식구들은 물론, 앞서 쓴 것처럼 이 집에서 키우는 애완견들과도 정이 흠뻑 들어 버리고 말았다. 뜻하지 않은 전원생활은 재미도 있고 편안했는데 매일 아침마다 딱 한 가지 힘든 점이 하나 있었다. 바로 '모닝커피'의 부재였다.

필자에게 모닝커피는 휘발유차의 휘발유요, 전기차의 전기 같은 것이었는데, 외국인이 잘 오지 않는 태국의 시골이 대개 그렇지만 주변에 카페가 흔하지 않다. 그렇다고 커피 한 잔을 먹겠다고 매일 마끄로_makro_ 나 빅씨_Big C_까지 차나 오토바이를 타고 나간다는 것도 못 할 일이었다. 유일하게 근처에 있는 건 세븐일레븐인데 시골 세븐일레븐이다 보니 거기서 파는 커피는 원두에서 추출된 아메리카노가 아니라 이미 시럽까지 다 가미된, 달디단 '커피맛 음료'를 일정한 금액을 주고 큰 음료 컵에 채워 오는 형태에 불과했다.

앞의 내용에서 소개된, 인형처럼 귀여웠던 애완견 '모찌'의 또 다른 사진. 필자의 품에 안겨 행복한 표정으로 막 잠이 들려고 할 때의 모습이다. 아저씨 집의 다른 애완견들과도 정이 흠뻑 들어 시골 생활은 재미있었는데 모닝커피의 부재는 견디기가 힘들었다.

태국의 유명 액상 커피 브랜드 'Birdy Cafe' 가 2024년 봄, Central World 백화점에서 개최한 '나만의 커피 만들기' 행사에서 필자가 직접 만든 '코코넛 바닐라 라떼'의 모습. 커피, 저게 뭐라고 몸에 좋은 한약도 아닌데 왜 매일 저 까만 액체를 들이켜야 정신이 바짝 나는 것일까?

그래서 하는 수 없이 시내에 나가 여과지와 분쇄 원두를 사다가 아침마다 내려 먹어야지 하고 있었는데, 커피 때문에 어려움을 겪고 있다는 말을 들었는지 뜻밖에도 아저씨가 커피를 한 잔 들고 다가왔다.

"두리안, 내가 커피를 좀 타 봤는데 맛볼 생각 없나 캅?"

아저씨의 커피의 맛 자체는 분명 단조로우면서도 향이 강한 태국 가루 커피의 느낌이었다. 그런데 조금 과장하자면 마치 만화 「신의 물방울」에서 주인공이 프랑스 와인 '샤토 몽페라 루즈'를 마시고 Queen의 「Bohemian Rhapsody」를 떠올린 것과 같이 그 단조로운 커피 맛에서 알 수 없는 농후함과 향미가 함께 느껴졌다.

"아저씨, 이거 무슨 커피에요? 맛있네요."
"내 커피? 내 커피는 저거다 캅."

아저씨가 손으로 가리킨 곳에 있는 커피는 태국에서 흔히 볼 수 있는 금색 네스카페. 그리고 또 다른 재료라면 뜨거운 물이 전부. 아니, 태국

금색 네스카페가 이렇게 훌륭한 맛을 내는 커피였다니. 그간 나는 태국에서 저 커피 한 번 안 타 마셔 보고 뭘 했단 말인가!

"커피가 맛있다니 그럼 내일도 내가 커피를 타 주겠다 캅."

커피 생산국답게 다양한 커피가 진열된 태국의 마트. 특히 중간의 저 빨간 네스카페는 태국에서 아무리 허름한 숙소에 들어가도 거의 모든 숙소에 스틱 형태로 두 개씩 놓아져 있기에 쉽게 마셔 볼 수 있다.

다음 날, 아저씨의 커피를 마시고자 필자는 아저씨를 찾았고, 아저씨는 무심한 표정으로 컵에 금색 네스카페를 털어 넣더니 뜨거운 물을 부으려는지 방으로 잠시 들어갔다가 어제처럼 필자에게 커피를 건네주었다. 어제와 다름없는 맛과 향. 아니 심지어 어제보다 더 맛있다. 금색 네스카페, 너 진짜 대단한 녀석이었구나!

"내일부터 이틀간은 내가 누나 만나러 가니 두리안이 원하면 언제든 이 커피를 타서 마셔도 된다 캅."

다시 다음 날 아침. 주인의 허락을 얻은 필자는 아저씨가 타 주었던 바로 그 컵에 신비의 금색 네스카페를 털어 넣고는 딱 아저씨가 넣었던 것만큼의 뜨거운 물을 부어 커피를 완성했다.

"아부 탑탑탑탑, 어후 이게 뭐야!"

아무리 필자 본인이 탔지만, 세상에서 가장 맛이 없는 커피가 있다면 바로 이 커피일 것이다. 굳이 맛을 설명하자면 이제 막 나무에서 딴 떫은 감이 생각나는, 그냥 가루 커피에 뜨거운 물 부은 맛이었다. 정말 너무 맛이 없었다. 100점 만점에 10점, 아니 10점도 과분했다.

'뭐지? 왜 이렇게 맛이 없지?'

분명 아저씨가 필자 몰래 약간의 감미료 같은 것을 첨가해 온 것이 틀림없다. 그렇지 않고는 이토록 맛의 편차가 클 수는 없다. 아저씨가 자신만만했던 데에는 다 이유가 있었던 거다. 비결이 궁금해진 필자는 목이 빠지게 아저씨를 기다렸고 집안 행사를 마치고 이틀 만에 집으로 돌아온 아저씨를 붙잡고 다짜고짜 물었다.

필자:　아저씨, 뭘 더 넣는 거에요?
아저씨: 무슨 말인지 모르겠다 캅.
필자:　커피를 만들어 봤는데 아저씨 커피 맛이 안 나요. 뭘 더 넣는 거예요?
아저씨: (씨익 웃으며) 내일 아침에 커피 타는 걸 보여 주겠다 캅.

다음 날, 비법을 가르쳐 준다는데 맨입으로 배우는 건 자세도 아니고 커피랑 같이 먹으면 맛도 있겠다 싶어 '끌루워이 텃(바나나튀김)'을 — 농카이 아저씨 집 부근, 작은 골목 초입에 기가 막힐 정도로 맛있게 바나나튀김을 만들어 파는 노점이 있었다 — 사 가지고 집으로 돌아왔다. 끌루워이 텃을 사 가지고 들어오는 필자를 보자마자 아저씨가 부른다.

"두리안, 이리 와서 컵에 커피를 세 스푼 넣어 봐라 캅."

자신이 타는 방법을 보여 주기 전에, 어떻게 하면 맛있게 탈 수 있는지 그 방법을 처음부터 알려 주려는 듯했다. 컵에 커피를 세 스푼 넣으니 다음 지시가 떨어졌다.

"두리안, 물은 여기까지다 캅."

딱 아저씨가 넣는 높이. 엊그제 필자가 탔던 커피도 똑같은 양이었으니 물의 양도 비결은 아닐 것이다. 그다음이 궁금했다.

"두리안, 이제 100번 저어라 캅."

그거였다. 필자와 아저씨 커피 맛의 차이점, 100번 젓기! 마치 숙성이 되지 않아 아직 떫은맛이 나는 포도주를 디캔팅을 통해 빠르게 공기 중에 노출시켜 맛과 향을 최대한 끌어올리는 것처럼 아저씨의 가루 커피도 일종의 디캔팅 과정을 거치는 것일까?

같은 커피 가루, 같은 뜨거운 물로 탄 커피지만, 필자가 100번을 저은 커피는 분명 엊그제 필자가 탔던 그 맛없는 커피와 맛이 많이 달랐다. 아직도 아저씨의 커피 맛의 100%는 아니어도 95%쯤 똑같았다. 필자는 아저씨한테 아직은 완벽하게 아저씨 커피의 맛은 안 난다고 했다. 그러자 아저씨는 이게 다 알려 준 거라면서 그럼 자기가 커피를 타는 걸 한 번 보라더니 같은 컵에 커피 가루를 넣고 다시 물을 끓이더니 물을 붓고는 필자보다 훨씬 더 빠른 속도로 딱 100번을 젓고는 마셔 보란다. 그간 필자에게 타 주었던 커피와 똑같은 맛, 맛있었다.

"무엇보다 나는 두리안에게 커피를 맛있게 만들어 주고 싶었다 캅."

겸연쩍은 얼굴로 그 말을 마치고는 사람 좋은 웃음을 웃는 아저씨. 아저씨가 인스턴트 커피를 맛있게 타는 방법은 군대에서 익혔단다. 그저 쉬운 가루 커피를 타는 데에도 남다른 노력이 가미되고 보이지 않는 정성이 더해져야 더 맛있어진다는 것을 필자는 Jittrakorn 아저씨를 통해 배웠다. 그 이후로 많은 세월이 흘렀고 손님 접대 등으로 흔한 차나 커피를 타야 할 기회가 있을 때에도 필자는 '어떻게 하면 더 맛있게 만들 수 있을까?' 하고 한 번 더 고민해 보게 되었다.

뻔해 보이는 일에도 남들과 다른 결과를 내기 위해서는 무엇보다 '정성'이 필요하고, 재료가 주는 뻔함을 넘어서기 위해서라면 가루 커피를 타는 데에도 '노력'이 요구된다는 것을 가르쳐 주었던 아저씨. 필자는 오늘도 단순하지만 좋은 가르침을 준, 태국을 닮아 투박해 보이지만 세상에서 가장 마음이 따뜻했던 Jittrakorn 아저씨를 마음에 떠올려 본다.

에필로그

　태국에 대한 책을 쓰고 싶다는 생각은 수년 전부터 가지고 있었지만 본격적으로 마음을 먹게 된 건 코비드-19가 아직 위세를 떨치던 2022년 초였습니다. 휴대폰에 저장된 수많은 태국 사진들과 머릿속에 가득한 태국에 대한 추억들과 이야기들만 정리해도 책 두세 권은 거뜬히 나올 것 같았습니다.

　하지만 책을 쓴다는 게 그렇게 쉬운 일도 아니고 다른 일들을 비롯해 여러 사정으로 말미암아 시작이 계속 미루어지던 중, 2023년 3월 말경 본격적으로 책의 방향을 고민하고 내용을 기획하는 것으로 작업을 시작하였습니다. 기획에 3개월 정도가 걸렸고 2023년 6월 10일, 빠이의 Two Huts Cafe에서 1화를 쓴 것을 시작으로 2024년 4월 18일, 촌부리의 Hide Out Cafe에서 원고가 1차 마무리되었습니다. 초고가 나왔지만 퇴고를 위해 원고를 볼 때마다 마뜩잖은 부분은 왜 이렇게 많이 보일까요? 볼 때마다 수정을 하게 되어 퇴고에 꽤나 긴 기간이 흘렀고, 수개월간의 출판 교정 과정을 거쳐 2025년 2월이 되어서야 책이 비로소 세상의 빛을 보게 되었습니다. 원고를 쓰는 과정에서 필요한 보충 촬영 등을 위해 해당 도시를 다시 가 보는 수고는 당연한 일이었습니다.

　책의 모든 내용은 이미 필자의 머릿속에 있음에도 초고 작성은 애써 모두 태국에서 완성하였습니다. 아무리 머릿속에 있는 내용을 종이 위에 옮겨 담는 작업이라 할지라도 미세한 기압 차이 등으로 인해 원두가 더 향기 좋고 풍미 있게 잘 추출되는 것처럼 태국에 대한 필자의 느낌을 더 잘 기록하기 위해서는 태국 음식과 태국 음료를 먹고, 태국 음악을 들으며, 태국의 공기 안에서 호흡하며 쓰는 것이 더 좋지 않을까 생각하였기 때문입니다. 앞서 쓴 것처럼 빠이와 촌부리 외, 어느 부분은 끄라비에서, 어느 부분은 치앙마이에서, 그 외 치앙라이, 우돈타니, 코랏, 후아힌, 방콕, 깐짜나부리, 꼬싸무이 등에서도 쓰였습니다. 그렇게 쓰고 나니 어떤 노래를 들으면 과거 그 노래를 들었던 순간이 기억나듯, 원고를 손보기 위해 글을 보고 있노라니 그 글을 썼던 태국의 여기저기가 떠올라 행복해집니다.

　태국을 떠올리면 태국 사람들의 행복한 미소가 떠오릅니다. 태어난 곳도, 자라난 곳도 아닌데 돌아보면 왜 이렇게 기분이 좋아지는지 모르겠습니다. 제게 환한 웃음을 웃어 주고 여행자로서 크고 작은 어려운 일들에 마주했을 때 자기 일처럼 기꺼이 도와주고 안심시켜 주었던 넉넉한 마음을 가진 모든 태국분들께 깊이 감사드립니다.

　이 책에 기술된 에피소드 등은 당연히 제가 직접 겪었거나 느꼈던 내용들입니다. 대부분의 에피소드마다 관련된 여러 사진들이 있는데, 출처를 따로 기재하였거나 편집에 쓰인 몇 장의 사진 외, 본문에 삽입된 200여 장에 달하는 모든 사진은 제가 사용해 온 삼성 갤럭시 폰으로 직접 촬영하였습니다.

이 책이 나오기까지 도움을 주신 한장희 팀장님과 이현 과장님을 비롯한 출판 관계자분들께 감사 드립니다. 또 여러 도움을 주신 Nonthanak Premsuk님, 모찌를 비롯한 Jutarat Jittrakorn 가족 여러분께 깊은 감사를 드립니다.

책이 나오도록 많은 분들의 열띤 응원과 격려가 있었습니다. 힘을 북돋워 준 잠실 고등학교 동창들, 완경이, 기현이, 세원이와 소중한 동료들이자 F4 멤버들인 이경환, 서경채, 신지훈 님, 변함없는 좋은 동기들 석주, 성민, 두현이와 항상 출판 시기를 물으며 깊은 관심과 지원을 아끼지 않으신 조수현 님은 물론, 태국에 있을 때면 따뜻하게 안부를 묻고 한국의 소식도 알려 주셨던 강윤정, 권영희, 김나윤, 김석재, 박혜영 님을 비롯해 배려와 따뜻함이 넘치는 엄격한 관리자 憨과 섬세하고 감성적인 동생 김영주, 다정다감하고 러블리한 의영과 그의 아내 혜연 님까지, 힘이 되주신 모든 분들께 특별한 감사를 전합니다. 나아가 태국어 공부에 많은 도움을 주신 피무 님과 마음의 아늑한 안식처인 호원의 모든 식구들께도 감사를 전합니다.

또 중학교 2학년 때부터 제게 변함없이, 마음의 안정과 더불어 즐거움의 원천이 되어주신 파루크 불사라 님과 존 리처드 디콘 님, 로저 메

도우즈 테일러 님과 브라이언 헤럴드 메이 경께 항상 감사할 뿐만 아니라, 덕분에 책을 잘 쓸 수 있었다는 인사를 드리고 싶습니다.

　삶, 그 자체의 본으로 인생의 여러 굴곡마다 힘을 주셨던 아버지 김용태 님과 어머니 백수연 님, 제게 많은 영향을 준, 어쩌면 저보다 음악과 태국을 더 사랑할지도 모를 도희 누나에게 깊이 감사하며, 이 책의 출판사 이름이 되어 주시고, 언제나 곁에서 인생의 수호자가 되어 주시는 또 한 분의 자애로운 어머니이신, 사랑하는 외조모 김순염 님께 인생 내내 최상의 존경과 감사를 드립니다. 설령 사람이 여러 번 다시 태어날 수 있다 해도 다시 아버지로, 어머니로, 누나로, 외할머니로 변함없이 다시 만나 연을 맺을 수 있기를 간구합니다.

　마지막으로 여행과 출판의 과정에서 많은 이해와 더불어 전폭적인 지원을 아끼지 않은 김선정 님께 온 마음을 담은 깊은 謝意와 더불어 이 책을 드립니다.

김정욱